博客：http://blog.sina.com.cn/bjwpcpsy
微博：http://weibo.com/wpcpsy

阿德勒的理性主义

THE DISCOVERY OF THE UNCONSCIOUS

发 现 无 意 识 之 旅

Henri F. Ellenberger

[法] 亨利·F. 艾伦伯格 著
卢欣渝 译

中国出版集团有限公司

世界图书出版公司
北京 广州 上海 西安

图书在版编目（CIP）数据

阿德勒的理性主义 / (法) 亨利·F. 艾伦伯格著；卢欣渝译. -- 北京 : 世界图书出版有限公司北京分公司, 2025. 7. -- (发现无意识之旅). -- ISBN 978-7-5232-2234-8

Ⅰ. B84

中国国家版本馆CIP数据核字第2025FF1637号

书　　名　阿德勒的理性主义
　　　　　ADELE DE LIXING ZHUYI

著　　者　［法］亨利·F. 艾伦伯格
译　　者　卢欣渝
责任编辑　詹燕徽
装帧设计　人马艺术设计·储平

出版发行　世界图书出版有限公司北京分公司
地　　址　北京市东城区朝内大街137号
邮　　编　100010
电　　话　010-64038355（发行）　64033507（总编室）
网　　址　http://www.wpcbj.com.cn
邮　　箱　wpcbjst@vip.163.com
销　　售　新华书店
印　　刷　中煤（北京）印务有限公司
开　　本　880mm × 1230mm　1/32
印　　张　7
字　　数　123千字
版　　次　2025年7月第1版
印　　次　2025年7月第1次印刷
版权登记　01-2013-8368
国际书号　ISBN 978-7-5232-2234-8
定　　价　59.00元

目录

与人们通常想象的相反，阿德勒和荣格都不是“精神分析变态狂”，他们各自的体系绝不是“精神分析的变形”那么简单。与弗洛伊德见面前，两人都有自己的观念；在与弗洛伊德合作时，两人也都保留了各自的独立性。在离开弗洛伊德后，两人各自开发的体系从根本上都有别于精神分析，而且各有千秋。

阿德勒的个体心理学和弗洛伊德的精神分析的根本区别可概括如下：弗洛伊德的目的是将古希腊悲剧作家、莎士比亚、歌德，以及其他伟大作家通过直觉领悟的各种隐匿的人类心智领域整合到科学心理学范畴中。阿德勒关注的是“认识人性”（Menschenkenntnis）领域，也就是说，对“个人”具体的、切合实际的认知。个体心理学的意义在于，它是第一个有记载的、统一的、完整的“认识人性”体系。该体系很宏大，包含了神经症、精神病、犯罪行为等领域。正因如此，在研究阿德勒时，读者必须暂时完全放下自己对精神分析的不全面的了解，而且必须暂时让自己适应一种相当不同的思维方式。

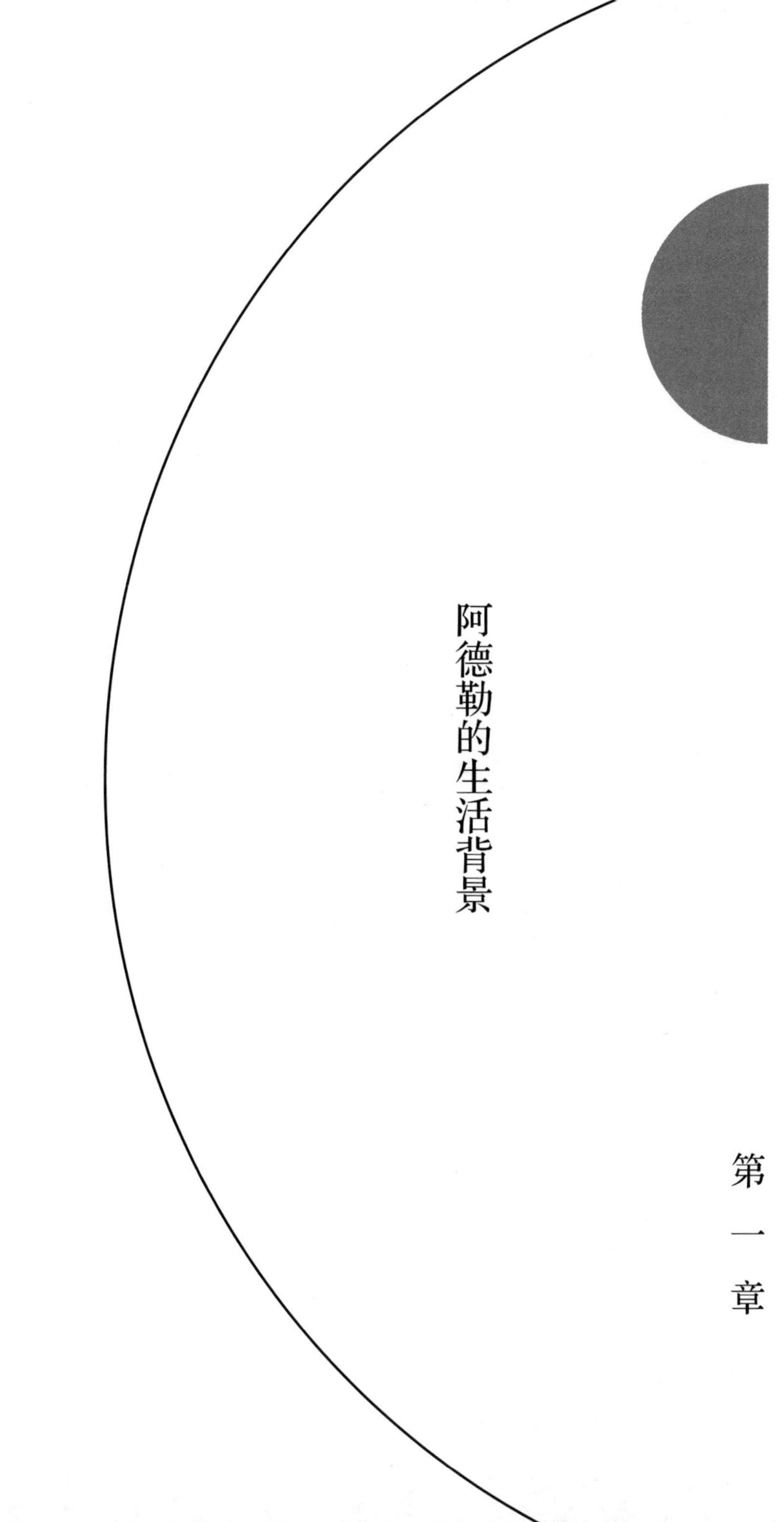

第一章

阿德勒的生活背景

阿尔弗雷德·阿德勒于1870年出生在维也纳郊区，并于1937年殁于苏格兰阿伯丁。他一生绝大部分时间在维也纳度过。他经历的那些大事——与弗洛伊德类似——必须被置于奥地利历史荣衰大背景下来看待。不过，由于他比弗洛伊德年少14岁，他经历那些历史变迁的方式在一定程度上又与弗洛伊德有所不同。他的童年和青少年阶段正好赶上奥匈帝国最繁荣昌盛的时期。第一次世界大战爆发后，阿德勒被征召入伍，成了一名军医，这段经历让他直接获得了对战争神经症的认知。奥地利1918年的惨败对48岁的阿德勒的影响同样迥异于对62岁的弗洛伊德的影响。新政治制度的出现让他有可能实现自己的一些项目——创建几个研究所。1920—1932年，尽管政治动荡频仍，但阿德勒迎来了他职业生涯的巅峰期。不过，阿德勒没等希特勒上台，就在1932年去了美国。1937年，也就是他预见的大灾难到来前两年半，他突然离世。当时，漫天黑云已在欧洲上空聚拢。

弗洛伊德和阿德勒两人都是中产阶级下层犹太商人的儿子，他们的区别仅仅在于，阿德勒的父亲做的是谷物生意，弗洛伊德的父亲做的是羊毛生意。两人都在维也纳郊区长大，都是纯粹的维也纳人，都开创了新的学派，都成了享誉世界的大师。然而，他们取得成功的路径不尽相同。弗洛伊德经历了学院生涯，这是一条与那个时代荣辱与共的传统的路径；他生活在一座城市的居民区中，那里有精心挑选的客户群。阿德勒的学院生涯从一开始就阻碍重重。他起步时只是一个为创立社会医学努力奋斗的普通执业医师，而且只能住在非居民区。与弗洛伊德熟络以后，他创立的群组不但没有精神分析特色，反而具备一种政治运动特色。他的绝大多数患者来自下层或中产阶级，因此各种社会问题始终是他感兴趣的。

如此一来，人们可以将阿德勒的职业生涯看作一个典范。他在社会人口的中下层群体里度过了幼年时期；尽管社会阶层越升越高，他却始终在情感方面心系中下层群体。奥匈帝国的解体有利于他的教学从边缘位置转向世界范围的社会–伦理运动。

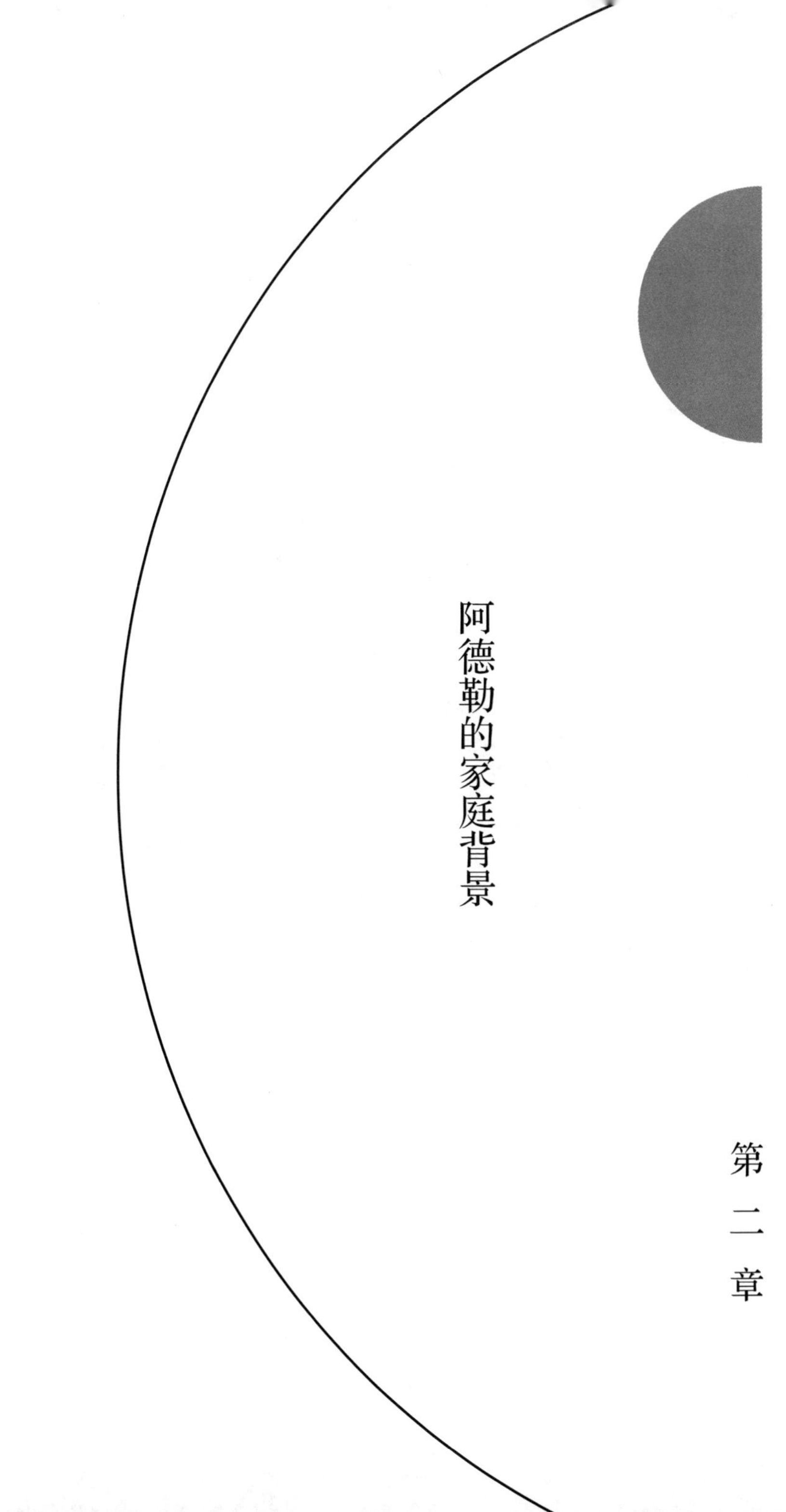

第二章

阿德勒的家庭背景

以上仅为对弗洛伊德和阿德勒进行的各种粗浅的类比，其背后还存在一些深层次的区别。19世纪下半叶，奥地利犹太民众的看法和心态主要依仗的是犹太解放运动前他们的父辈或祖父辈所属的群体。弗洛伊德父母的愤怒源自加里西亚和俄罗斯南部的犹太民众积累了数个世纪的怨气；而阿德勒的父母来自布尔根兰州基特西的一个相对享有特权的社区。

布尔根兰州是个风景如画的乡村地区，有许多芦苇环绕的湖泊、成片的田野，以及许多小树林、葡萄园、小山顶上的城堡、古风浓郁的小村庄。这个地方之所以出名，还因为有种类繁多的鸟——村庄里几乎每座房子的顶上都有鸟巢。让布尔根兰州居民骄傲的还有该州过去的历史，以及从当地走出去的名人，其中有作曲家海顿和李斯特。过去数个世纪，布尔根兰州曾经是奥地利和匈牙利之间的缓冲区。

这个地方实际上属于匈牙利，不过，握有该州大部分土地的一些匈牙利巨头与奥地利关系好（在匈牙利贵族里，这是一种例外）。那一时期，布尔根兰州的人口大约为30万，大多数人说德语，不过也有一些例外，如匈牙利人、克罗地亚移民、吉卜赛人。这个州还有许多富足的犹太人社区。与当时绝大多数其他地方的犹太人相比，布尔根兰州的犹太人享有更高的社会地位和更多的自由。他们中有许多人经商，正因为如此，他们充当了普雷斯堡犹太社区的犹太民众和维也纳各商业中心之间的中间人。

背景不同或可解释一些祖籍在布尔根兰州的犹太人的某些性格特征。首先要说的是，他们从未感觉自己属于受迫害的少数人。莫里兹·贝尼迪克特来自艾森施塔特的犹太社区，他在自传里抱怨自己一直是数不胜数的不公正事件的受害人，但他从未抱怨自己因为反犹主义吃过苦。阿尔弗雷德·阿德勒的情况亦如此，在他的文字作品里，“反犹主义”一词从未出现过。有着上述背景的人们可以继续他们的信仰（贝尼迪克特就是这样，他一直是犹太教的教徒），不过，一旦他们失去犹太教的信仰，犹太传统对他们不再有任何意义。没有了感情约束，他们可以轻松转向新教或天主教，而不会感到这么做是对先人的背叛，或者是对犹太同辈的不忠。因此，阿尔弗雷德·阿德勒后来成了新教徒，他的两个弟弟麦克斯和理查德改信了天主教，而大哥西格蒙德离开犹太社区时“没有公开宣布皈依哪个教派”。

对阿尔弗雷德·阿德勒的家庭教养情况，后人知道得不多。他的自传[①]里有一段简短的描述，是这么说的：他是父亲最喜欢的孩子，不过，在很长一段时间里，他感觉自己不受母亲待见；有一次，他打伤过一个男孩；在年龄很小时，他患过佝偻病，以及阵发性呼吸急促；一个弟弟的去世让他印象深刻，而他自己因为严重的肺炎与死亡擦肩而过。后两件事促使他立志当一名医生。从菲莉丝·博顿记述的关于阿德勒少儿时期的记忆，后人可以推断，犹太教的礼数在他家得到了遵从——阿德勒会跟父母一起去犹太教堂做礼拜。[②]5岁时，有一次在犹太教堂做祈祷期间，他用力拽一件露出衣柜的法衣，导致整个柜子轰然倒地，摔散了架。有一次在家过逾越节时，他半夜悄悄走到楼下，用发酵面包换掉了未发酵的面包；那一夜剩下的时间，他藏在一个衣柜里，想看看天使来他家时会不会注意到面包被调换过。如果这两个早

① Alfred Adler, Something about myself. *Childhood and Character*, VII（April 1930）, 6−8.

② Phyllis Bottome, *Alfred Adler, Apostle of Freedom*（London: Faber and Faber, 1939）, pp. 34−35.

期记忆片段是真的，那么我们或许可以用阿德勒自己的方法推断——他对犹太教持有一种否定态度。

在上述背景中，阿德勒和弗洛伊德的差异足以解释阿德勒的个体心理学为什么完全没有包含可以认真追溯到犹太传统的东西，这与弗洛伊德的精神分析形成了对比。

后人对阿尔弗雷德·阿德勒的宗谱和家族的认知是支离破碎的。各种常规传记里的信息往往充满了谬误。据我们所知，截止到目前，唯一对此进行过系统调研的是汉斯·贝克-韦德曼斯台特博士。以下内容将围绕他的调查展开。

阿尔弗雷德·阿德勒的爷爷西蒙·阿德勒是基特西毛皮商中的翘楚。除了他妻子名叫卡特琳娜·兰姆佩尔、他儿子大卫1862年成婚时他已不在人世，我们不知道关于他的其他信息。后人也不清楚，除了大卫（阿尔弗雷德的伯伯）和利奥波德（阿尔弗雷德的父亲）外，他究竟有没有别的孩子。1862年6月29日，大卫在维也纳成婚（时年31岁），他在利奥波德城的犹太人聚居区做裁缝，当时那里属于维也纳郊外。

利奥波德·阿德勒（他的犹太名字是莱布·内森）1835年1月26日出生在基特西。他生命中的前30年不为人知。1866年6月17日，他在维也纳成婚。结婚证上填写的住址信息与其老岳父在维也纳彭青区的地址一致。这说明，至少在一段时期内，他居住在后者的房子里，有可能也在后者的公司工作。

阿尔弗雷德·阿德勒的姥爷、姥姥来自摩拉维亚的小城特里比奇。他们在那边生活了多长时间已无从考证。不过，在1858年或1859年移居维也纳彭青区时，他们至少有5个孩子——分别是：伊格纳兹（1839年以前出生）、默里兹（1843年4月出生）、波林（阿尔弗雷德的母亲，1845年1月出生）、萨洛蒙（1849年7月出生）、阿尔伯特（1858年出生）。另两个孩子出生在彭青区，他们是：路德维希（1859年12月出生）、朱利叶斯（1861年12月出生）。阿德勒的姥爷赫尔曼·比尔一手创办了赫尔曼·比尔父子公司，买卖燕麦、小麦、麦麸。当时，这是个兴盛的产业，不过，随着铁路运输的发展，这一产业注定会走下坡路。后来，阿德勒的舅舅萨洛蒙接手了公司。

在维也纳彭青区定居后，1861年10月10日，赫尔曼·比尔在邮政大街22号买了一所房子。阿尔弗雷德·阿德勒童年时期很可能在那里短暂居住过。这所房子现如今仍然矗立在原地，只是门牌号换成了林泽大街20号；房子离贵族大街街口不远，尽管它周围的新建筑都进行过现代化改造，这座建筑的主体结构却没变。房子的首层有个商店，二层是居住层，房子后边的庭院也有上二楼的通道。庭院有个与外界连通的马车通道。这个大庭院可以容纳10多辆汽车。房子的左边是汽车维修工作区，曾经的马厩也都被改造成了车库。一个宽大的石板坡道通向二层的公寓间，比尔一家在此居住了许多年。

赫尔曼·比尔和妻子伊丽莎白·平斯克（又名莉布莎·平斯克）至少有7个孩子，这些孩子也都多子多孙，因而阿尔弗雷德·阿德勒的表亲数量庞大。他有个舅舅，名叫朱利叶斯·比尔，只比他大8岁多。

对利奥波德·阿德勒的职业、财务状况，后人所知甚少。1866—1877年，他换过好几个住址，在相距不远的好几个村子里居住过，那些村子位于彭青区和鲁道夫斯海姆村。根据记录，他的职业一直是“商人”。不知出于什么原因，后来他搬到了利奥波德城区，那里是维也纳东北郊犹太人居住区。1877—1881年，他一直居住在那里，不过，每年他都会换地址。后来，他在黑尔纳尔斯区（当时那里不属于维也纳）住了两年，在豪普特大街25号租了个房子，并租下23号作为经营场所。这两处房子都是奶场批发部的房产，属于布尔根兰州的一位匈牙利富豪，帕尔菲伯爵。非常可能的是，利奥波德·阿德勒担当了伯爵农产品销售的中间商。

赫尔曼·比尔1881年2月5日去世，他妻子1882年1月15日去世。7个在世的孩子均分了他们的财产。不过，波林将她那份财产卖给了一个兄弟。从那往后没多久，1883年7月27日，她和利奥波德在韦灵区购入一处产业。当时，韦灵区还是维也纳城墙外一个人口稀少的片区，仅有一些两层的房子和花园。这处房产位于豪普特大街57号和59号（如今的瓦林格大街129号和131号），如今仍然矗立在原地。这是一处典型的商业用房，它内含经营场所，二层为生活区，房间为两大两小，一层是厨房和马厩。[①]房子斜对面是贝多芬墓和舒伯特墓所在的公墓（如今是舒伯特公园）。根据博顿的说法，这家人不仅饲养了几匹马，还养了几头牛、几只山羊、一些鸡，以及一些兔子。不过，将年幼的阿德勒描述为在某种迷你伊甸园里长大，肯定是夸张的——有时候的确会有人这样描述。这处产业是利奥波德和波林共有的，1883年7月至1891年7月一直在两人手里。然而，利奥波德经商并不成功。根据家族传闻，阿德勒一家越来越多地遭受财务问题的困扰。事实证实了这一点——随着时间的流逝，这处产业被

---

① H. A. Beckh-Widmanstetter, Alfred Adler und Währing. *Unser Währing*, I（1966）, 38–42.

逐步抵押了出去，最终在1891年亏本售出。

随后，一家人搬回了维也纳利奥波德城，在那里，一家人在物质生活上相当拮据。后来，阿尔弗雷德·阿德勒的大哥西格蒙德成了成功的商人，这才让全家人重新过上了安逸的生活。

由于阿尔弗雷德·阿德勒像弗洛伊德一样总是强调家庭人文环境在塑造人格过程中的重要性，了解他的人格的形成过程也就顺理成章了。不过，关于这个方面，后人掌握的信息同样不完整。关于他父亲利奥波德·阿德勒的人格，后人所知甚少，我们手头有关他父亲的信息来自其老年时一些熟人的印象。在博顿笔下，他具有一种无忧无虑的、天生乐观的人格，很幽默，特别骄傲，还是个长相帅气的男人，对自己的外在形象极其上心，总是一丝不苟，而且会自己动手将里里外外的衣服都弄平整，将一双靴子擦得锃亮；每次现身，他的一身行头都像是要参加晚会一般。[①]他的外孙沃尔特·弗里德青少年时期在他那里住了几年，沃尔特在信件中是这样评价外祖父的：

---

① Phyllis Bottome, *Alfred Adler, Apostle of Freedom* （London: Faber and Faber, 1939）, pp. 28–30.

> 他是个非常注重外在形象的人，永远显得高贵典雅和干净利落，而且他习惯过好日子。我对他不是一般地尊重，而且他永远对我特别好。我仍然能看见他用手拍我的头，送给我各种新铜币，那些铜币让我超级骄傲。

他的另一位外孙斐迪南·雷在信件中描述道：

> 外公利奥波德·阿德勒是个相当高雅、长相帅气的绅士，他永远站得笔挺，特别在意自己的穿着……在生命的最后几年，他总是到市政厅广场餐厅吃饭。吃午餐时，他手里总是端个酒杯。他会在下午5点吃一块火腿三明治；6点就上床睡觉。

阿尔弗雷德跟父亲的关系很好。根据博顿的说法，他是利奥波德最喜欢的一个儿子——父亲总是给予他鼓励（我们知道，“鼓励”后来成了阿德勒教育体系的中心思想之一）。而且利奥波德会反复告诫阿尔弗雷德：“永远不要相信任何人的话。”这话的意思可能是，应当根据他人的行为判断其人，而不应当根据其说了什么（这也在之后成为个体心理学的基本原则之一）。

波林·阿德勒无疑不像丈夫那样拥有一副好身板——后者离世时将近87岁了。从现有的记录来看，波林61岁离世，疾病和过度劳累压垮了她。在博顿笔下，她“神经质且情绪低落”，没有丝毫幽默感。根据家族传闻，为了家里的某些成员，她过多地牺牲了自己。她的孙子之一将她描述为“温柔的、细腻的女人”。“她管理生意，还管丈夫、孩子们、家务、狗，会亲手操办一切。”她跟阿尔弗雷德之间无法相互理解，据说阿尔弗雷德后来将母亲在他生活里的角色描述为“票根”。就是说，他在衡量和发挥自己的力量时，都会以此人为参照。

弗洛伊德首先强调的是孩子与父母的关系，其次才是兄弟姐妹间的关系。然而，阿尔弗雷德·阿德勒更强调孩子在兄弟姐妹中所处的位置，而后才是与双亲的关系。这促使我们去检视他所处的兄弟姐妹关系网的本质。

阿尔弗雷德在全家6个孩子中排行老二，这还不算另外两个在婴儿时期夭折的孩子。[①]他跟大哥西格蒙德的关系尤其让人感兴趣。

---

① 根据家族传闻，在西格蒙德之前，另有一个头胎孩子出生，名叫阿尔伯特，他很早就夭折了。我们在维也纳犹太社区档案和市政人口财产登记中查不到相关材料。

西格蒙德·阿德勒（他的犹太名字是西蒙）1868年8月11日在鲁道夫斯海姆村出生。所有证据都证明，他是家中最聪明和最有天赋的人，以至博顿这样描述他："阿尔弗雷德·阿德勒总觉得自己处在模范大哥的影子里，后者是一个真正的'头胎孩子'。阿尔弗雷德总觉得哥哥好像高高地翱翔在自己之上，处在他无论怎样努力都无法达到的空间里。甚至在生命的尽头，阿尔弗雷德都无法完全摆脱这种感觉。"西格蒙德在事业上的成功更让人刮目相看，因为生活对他来说一直很艰辛。由于家境贫寒，他高中会考前就被迫辍学，开始工作。他最初是帮父亲做事，后来自己找了份工作。有段时期，他是匈牙利谷物磨粉厂的销售代理，后来，他在房地产领域站稳了脚跟。如此一来，随着时间的推移，他成了非常成功的商人，发了一笔财。然而，在战后通货膨胀时期，他几乎失去了所有财产。他的儿子恩斯特是这样表述的：由于他的身份是匈牙利公民，他在匈牙利军中服役一年，1900年结婚，有3个儿子；考虑到政治大局，他最终移民去了美国，在那里一直居留到离世。他的另一个儿子，库尔特对他的描述如下：

西格蒙德是真正的自食其力之人，他有个大书房，为自己的朋友们（都是中产阶级上层人士，诸如医生、律师之类）感到骄傲……我们几个孩子通过他（以及母亲）学会了欣赏生活中的各种好东西——好听的音乐、好看的书、旅游，诸如此类。他棋下得好，我们几个孩子从他那里学会了下棋，不过他实在是太忙，没工夫玩。

说到跟阿尔弗雷德的关系，他特别尊重作为医生以及心理学家的阿尔弗雷德。每当我们有人生病时，他都会特别倚重阿尔弗雷德的判断。后来，阿尔弗雷德名声远播，每次说到阿尔弗雷德，他总是带着钦敬；他一直特别尊敬阿尔弗雷德。

从所有证据来看，西格蒙德·阿德勒是个性情率直之人，无私到罕见的程度，他不仅供养自己的家人，供养许多亲戚，还在父亲利奥波德年老后赡养老人家。

在阿尔弗雷德的一生中，与成功的哥哥西格蒙德的比拼似乎占据了重要的地位。像其他所有男孩一样，他们两人也打架。根据家族传闻，两人最终势均力敌。还有一种说法是，阿尔弗雷德脱离全科医生执业而专攻神经精神病学其实是受哥哥的影响，因为哥哥从销售代理转行到了利润丰厚的房地产业。无论情况如何发展，两人一直是好朋友，也正是通过西格蒙德，阿尔弗雷德在萨尔曼斯多夫找到并买下了他那漂亮的乡村别墅。后来兄弟二人都移民到了美国，而且两人离世的方式非常相似。1937年，阿尔弗雷德在阿伯丁市的大街上因中风倒地后不治身亡；20年后，1957年2月25日，西格蒙德在纽约的大街上倒地后身亡，享年89岁。[①]

在西格蒙德和阿尔弗雷德之后出生的赫米内是个女孩，她于1871年10月24日出生在鲁道夫斯海姆村。博顿说，她是阿尔弗雷德最喜欢的妹妹，而这个妹妹也极其钦敬阿尔弗雷德。以下文字出自赫米内的儿子。

> 我妈妈赫米内钢琴弹得特别好，对音乐作品有非常好的见解。她嗓音甜美，不过未经训练。阿尔弗雷德也会弹钢琴，过去妈妈经常跟他一起四手联弹。他们关系特别近，她的所有孩子结婚时，都会把对象带到阿尔弗雷德面前寻求认可。

在赫米内之后出生的是一个男孩，名叫鲁道夫。他1873

① 细节由库尔特·阿德勒提供。

年5月12日在维也纳彭青区出生，1874年1月31日死于白喉。[①]本书随后将介绍，这个弟弟的出生和早夭都算得上是阿尔弗雷德童年的重大事件。

接下来出世的孩子伊玛，1874年11月23日出生在彭青区，并于1941年在波兰的灭绝营里悲惨地死去。她嫁给了印刷商弗朗兹·弗里德，并为他生了个儿子，名叫沃尔特。

伊玛之后出生的是麦克斯·阿德勒。他1877年3月17日出生在维也纳利奥波德城区。尽管当时阿德勒一家家境依然困苦，但他仍然能在“斯佩劳姆”完成中学学业。1896年9月，他在那里完成了会考，随即在维也纳大学学习了9个学期，主修历史、德语、文学。1903年10月，他的论文[②]获得通过；他于1904年6月23日获得了哲学博士学位。[③]麦克斯·阿德勒一直以来的主要职务似乎是记者，他撰写的文章的主题涵盖哲学、政治、经济。他在德累斯顿生活了几年，不过，后来他去了罗马，并于1968年11月5日死在那里，享年91岁。按博顿的说法：“他高度艳羡和嫉妒名声在外的

---

① 这些资料由维也纳犹太社区档案库提供。

② 该论文的标题是 Die Anfänge der merkantilistischen Gewerbepolitik in Oesterreich。

③ 这些资料是汉斯·贝克–韦德曼斯台特博士从维也纳大学档案室查到的。

阿尔弗雷德，而且从未摆脱这种心态。阿尔弗雷德喜欢他，可惜在赢得他的感情方面从未成功。”每当提到阿尔弗雷德·阿德勒描绘的在家排行老二的孩子的人格时，我们都必须牢记这些细节：永远处于压力下，拼尽全力与大哥竞争，身后还紧跟着一位极具竞争力的亦步亦趋的弟弟。

家里最后一个孩子理查德于1884年10月21日出生在韦灵区。在他的童年阶段，家里的财务状况最为糟糕，似乎因此牺牲了他的教育。但是，他好像是母亲最喜欢的孩子。他特别尊敬阿尔弗雷德，后者也竭尽一切可能帮助他。作为钢琴老师，他声称，在音乐教学中，他应用了一些个体心理学原理。有一段时期，他居住在阿尔弗雷德位于萨尔曼斯多夫的乡村别墅里。第二次世界大战时期，他在阿尔弗雷德位于杜布林的大花园里从事植物栽培，当时那座花园仍然属于阿德勒家族。[①]他成功地躲过了纳粹的注意，与夫人贾丝廷幸存下来。他于1954年1月去世，身后无子。

说到阿尔弗雷德·阿德勒和西格蒙德·弗洛伊德各自心理体系的区别，就不得不提及两人的社会背景和家庭背景之间的天差地别。对来自加里西亚的犹太家族而言，即使他们丧失了宗教信仰，犹太传统依然对他们有着非常强大的影

① Letter of Frau Justine Adler, of Vienna.

响。就弗洛伊德来说，虽然弗赖堡镇在他童年初期就成了失乐园，但他是奥地利公民，拥有奥地利人该有的所有权利。他在利奥波德城区长大，那里是维也纳郊区的人口密集区，许多较为贫穷的来自奥地利东部的犹太人定居在那里，而且那里有好几个贫民区，孩子和乞丐众多，所以弗洛伊德总认为自己是少数族裔的一员。弗洛伊德总是处在父母和老师们的监督下，这导致他更强调童年时期与父母的关系——甚于与兄弟姐妹的关系以及与同伴们的关系。不仅如此，弗洛伊德还是第一个出生的孩子，是母亲的心头肉，对父亲却满腹敌意；因此，俄狄浦斯情结对他来说似乎再正常不过了。

就阿德勒而言，情况则大为不同。对来自布尔根兰州享有特权的社区的犹太民众来说，犹太传统的影响没那么大。由于阿德勒出生在维也纳，对他来说，布尔根兰州不具备失乐园的性质。在他的一生中，这甚至是个缺憾。这意味着，他的出生登记并非奥地利人，反而成了匈牙利人。这样一来，他成了一个不会说本国语言的公民，而且还丧失了许多特权，因为那些特权仅被授予维也纳的奥地利人。（很久以后，直到1911年，他才获得奥地利公民身份。）与弗洛伊德形成对比的是，阿德勒童年时期的大部分时间都待在维也纳郊区，[①]例如，鲁道夫斯海姆村、彭青区、黑尔纳尔斯区、韦灵区，当年那些地区至少部分地保留了本地乡村特色，各区人口密度都不大。那些“郊区”的一大特色是，投机商们在那里买下了大片大片的土地，从而造成了撂荒状态。他们会待价而沽，将价格“炒”到足够高，以便获取丰厚的利润。通常，人们将那些土地称作“山边的荒草地”，流浪儿们经常在那里玩耍。阿德勒童年大部分时间都在城市的“郊区”度过，跟许多属于下层阶级的非犹太男孩们厮混、打闹或玩耍。很明显，家长对阿德勒的监管不像弗洛伊德经历的那么严。所有关于阿德勒的介绍中都提到了他跟街头的一些男孩打架斗殴，以及他的一些出格行为。这必将引领他比弗洛伊德更加强调同龄人和兄弟姐妹在人格形成过程中的作用。他们两人的家庭排序也相当不同。阿德勒在家中行二，他总觉得自己遭到母亲的拒绝，却得到父亲的呵护；因此，他经历的境遇与弗洛伊德截然不同。这导致他永远无法接受俄狄浦斯情结这一概念。值得注意的是，虽然阿德勒是犹太

① 贝克－韦德曼斯台特博士使本书作者注意到，维也纳人对“内城”“郊外”“郊区”分得清清楚楚。“内城”为历史古城，周边由多段城墙环绕，而城墙于1856年被拆除；“郊外”为具有城市特征的、有防御设施守护的区域；“郊区”为主要呈现地方特色的、1890年被并入都市的几片区域。在郊区长大的孩子与在郊外长大的孩子区别非常明显。

人，在自己的国家属于外国人，可他从未感觉自己属于少数族裔，他觉得自己一直在参与这座城市中人们喜闻乐见的生活；对维也纳俗语的深入理解让他可以像当地民众的一员那样公开讲话。人们由此可以理解，为什么归属感理念成了阿德勒学说的核心观点。

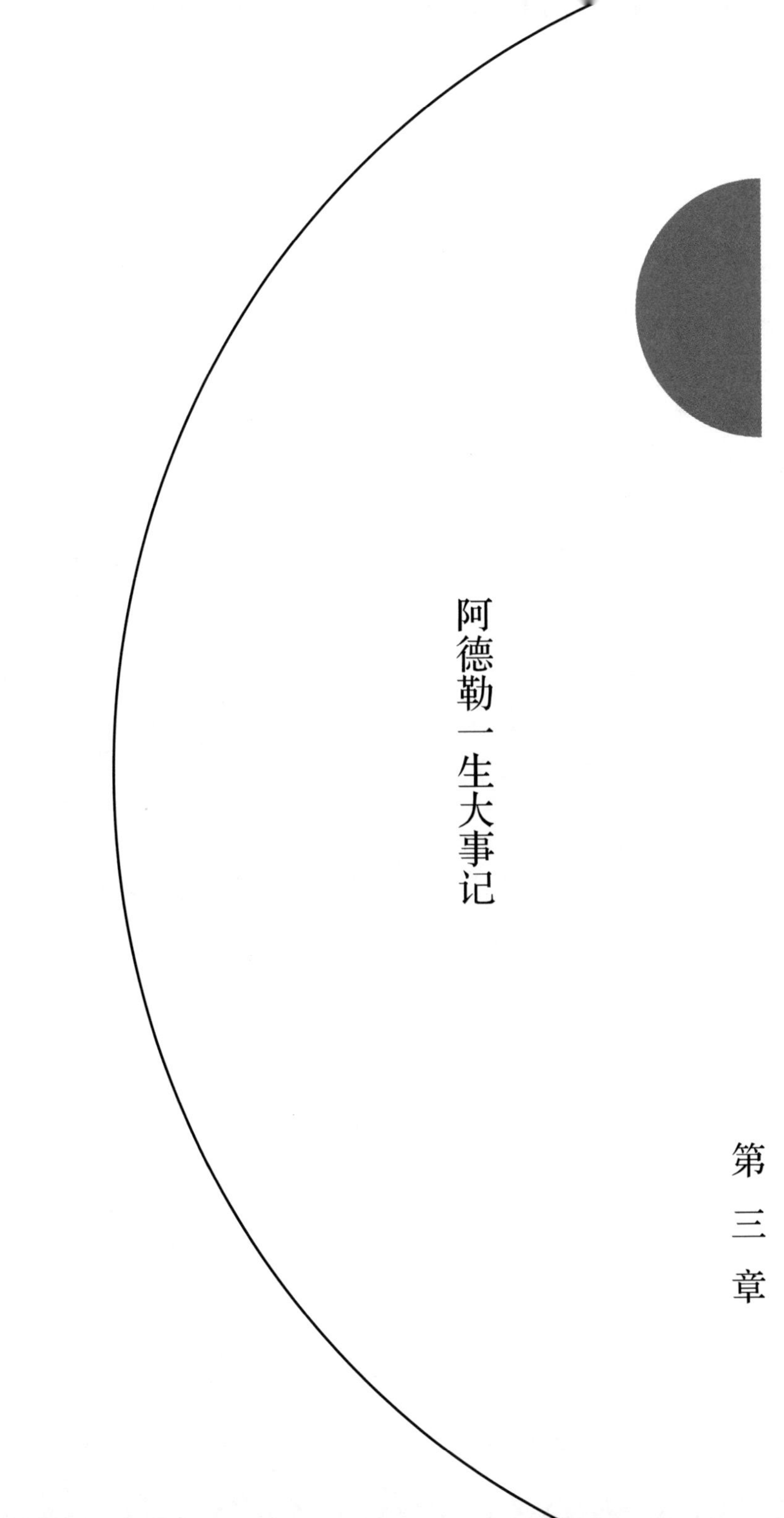

第三章

阿德勒一生大事记

撰写关于弗洛伊德的身世，难点在于，有关他的传记材料过于丰富；与之相反，关于阿尔弗雷德·阿德勒和皮埃尔·让内的材料少得可怜。除了博顿记述的关于阿德勒的生平，我们手头的简短传记非常少。目前，仅有四部阿德勒的传记出版成书：第一部由玛涅斯·斯波博尔撰写①，第二部由赫塔·奥格勒撰写②，第三部由博顿撰写③，第四部由卡尔·富特缪勒撰写④。人们最为熟知的是第四部传记的英译本。博顿在一部心理学论文集以及自传第二卷里也详细介绍

① Manes Sperber, *Alfred Adler, der Mensch und seine Lehre*（Munich: Bergmann, 1926）.

② Hertha Ogler, *Alfred Adler, the Man and His Work*（London: The C. W. Daniel Co., 1939）.

③ Phyllis Bottome, *Alfred Adler, Apostle of Freedom*（London: Faber and Faber, 1939）.

④ Carl Furtmueller, Alfred Adler, a biographical essay. Heinz and Rowena Ansbacher, *Superiority and Social Interest*（Evanston: Northwestern University Press, 1964）, pp. 330–376.

了阿德勒。[①]无论前述出版物多么优秀，它们记述的内容主要基于各种回忆和道听途说，并且由于数不胜数的不实内容而名誉尽毁。阿德勒撰写过丰富的书信，迄今仅有五六封信得以公开。[②]无论在哪里，人们都找不到阿德勒的档案，无法搜集关于他的各种文献和证据，他的影像资料或他的讲话录音也无处寻觅。只是在最近，维也纳的汉斯·贝克-韦德曼斯台特博士基于档案材料对阿德勒进行了一番系统调研。不过，他搜集的材料仅公开了一小部分。他撰写的有关阿德勒童年和青少年的作品尚未出版成书[③]。以下关于阿尔弗雷德·阿德勒生平的概述主要基于汉斯·贝克-韦德曼斯台特博士的研究，其他补充的口头及文字的信息由阿德勒的家族成员提供。

1870年2月7日，阿尔弗雷德·阿德勒在鲁道夫斯海姆村出生。他出生的那幢房子位于豪普特大街，就在祖莱姆斯珀大街街口。想当初，那是一幢大房子，内部被分割为15套

---

① Phyllis Bottome, Some aspects of Adler's life and work. *Not in Our Stars*（London: Faber and Faber, n.d.）, pp. 147–155; *The Goal*（New York: Vanguard Press, 1962）.

② Alfred Adler, Two letters to a patient. *Journal of Individual Psychology*, XXII（1966）, 112–116.

③ Hans Beckh-Widmanstetter, Kindheit und Jugend Alfred Adlers bis zum Kontakt mit Sigmund Freud, 1902.（未出版）

小公寓。现如今，替换掉原有建筑的房子的门牌为玛丽亚希尔费大街208号。[①]当年那幢房子的对面是中央市场广场，旁边还有一大片空地（如今为古斯塔夫·贾格尔公园和园内的技术博物馆），附近的孩子们都在那里玩耍。在阿尔弗雷德·阿德勒童年时期的前7年，他们全家人在鲁道夫斯海姆村和彭青区的不同地点居住。那些年，小小年纪的阿尔弗雷德经常从家里溜出去，跟街头的野孩子们一起玩耍，他们甚至会去彭青区附近美泉宫的几座花园里掐花。虽然阿尔弗雷德以为自己上的是彭青区公立学校，可那所学校的档案材料里压根没有他和哥哥西格蒙德的名字。可能他上的是一所私立学校，而该校的档案材料未能保存下来。那一阶段的一个重大事件是阿尔弗雷德的弟弟鲁道夫的出生，以及他在阿尔弗雷德4周岁前几天的离世。如果阿尔弗雷德的一些早期记忆是可信的，那么这一事件加上随后不久他患上了严重的儿童病，促使他小小年纪就渴望成为一名医生。

阿尔弗雷德·阿德勒7岁时，全家人不得已搬到了犹太人聚居的位于郊区的利奥波德城区，并在那里居住了4年。阿德勒的传记作家里没人提到他曾经在利奥波德城区居住，

---

① 这些细节以及后续大部分细节都是由贝克-韦德曼斯台特博士提供的，所有信息都基于档案查询。

这成了一个特点。也许那些年给阿德勒留下的都是不愉快的记忆，他不愿意谈论它们。在那一时间段，1879年（可推算，此时他9岁），阿德勒被送进了位于斯佩尔大街的社区文理学校——人们更为熟知的名字是斯佩尔学校。14年前，在相同的年龄，弗洛伊德被送进了同一所学校。然而，在阿德勒入学前，学校修改了规定——最低入学年龄变成了10岁。贝克-韦德曼斯台特博士发现，在学校的班级注册表上，不知是什么人将阿德勒的出生年份由1870年改成了1869年。后人从学校的档案里得知，小小年纪的阿德勒第一学年考试没过关，只能留级。

1881年年中，阿德勒一家离开利奥波德城区，搬到了黑尔纳尔斯区，在那里，他前往与所在街道同名的黑尔纳尔希尔文理学校上学。全家人再次搬到韦灵区近郊居住后，阿德勒继续在这个学校上学，直到年满18岁参加会考。不幸的是，在第二次世界大战爆发后，盟军占领维也纳期间，那所学校的档案材料悉数被毁。因此，关于阿德勒是个什么样的学生，后人无从知晓。确切无疑的是，他接受了优质教育，学习了那一时期讲授的拉丁语、希腊语、德语等各种古典课程。

对于阿德勒在青春期阶段如何消磨课外时光，后人几乎一无所知。根据几位传记作家的说法，他酷爱音乐、唱歌、戏剧，而且是个很好的演员。

阿德勒刚刚完成高中学业，便在1888—1889年冬季学期入读维也纳医学院。汉斯·贝克-韦德曼斯台特博士在医学院的档案材料里找到了阿德勒完整的课业成绩记录，他从中萃取了一些细节：阿德勒用正常的时间完成了各门医学课程，他仅仅选择了那些必须以考试成绩结业的必修课，顺利通过了三次学科考试——得到的评语为“有能力”（能力足够），也就是刚过及格线。由于那一时期精神病学不是必修课，他没有选修任何精神病学课程，也没有去听过无薪讲师西格蒙德·弗洛伊德的癔症讲座。不过，第五学期，阿德勒选修了克拉夫特·埃宾开设的“神经系统最主要的几种疾病”这门课程。

阿德勒的大学成绩记录显示，在第五、第六、第七学期，他学得特别努力。在这三个学期，除了其他课程，他还选修了每周10课时的外科学，以及每周10课时的药物学。后面一门课由内科医生诺特纳格尔主讲（这门课还包括几次有关器质性神经疾病的讲座）。第七学期过后，1892年3月24日，阿德勒通过了第一阶段的学科考试，随后于1892年4月1日至1892年10月1日先后前往第一和第四迪罗尔-恺撒猎兵-

步兵团服兵役，也就是1年兵役的前半期，时长6个月。

接下来几个学期的课业同样让阿德勒特别努力。第九学期，除了其他课程，他还选修了萨洛蒙·斯特里克主讲的神经系统病理学课程。第十学期，他仅仅选修了每周10课时的外科学。随即，1894年5月22日，他通过了第二阶段的学科考试。又过了将近一年半之后，他参加了第三阶段的学科考试。

阿德勒很可能将这段时间投入了临床医学方面，以便完善自己。那个年代，青年医生们即使在追求学术生涯或成为专家方面没有想法，通常也会花费两到三年时间泡在综合医院或联合诊所内，为的是掌握临床经验。在维也纳综合医院的档案资料里，贝克-韦德曼斯台特博士发现，阿尔弗雷德·阿德勒从未有过任何预约。考虑到如后事实，有薪酬的岗位都留给了奥地利公民，而阿德勒是匈牙利人，他在那里只能做志愿性质的、没有薪酬的工作。不过，我们的确在1895—1896年的联合诊所青年医生名单上找到了阿德勒的名字。联合诊所是一家慈善机构，创建于1871年，它的创建主要由莫里兹·贝尼迪克特倡导，为的是在没有医疗保障的年代向工薪阶层民众提供免费医疗。在那里工作的医生们都没有报酬。对青年医生们而言，那里有获取临床经验的机会，或许还可以提供一些潜在客户。1895年，阿德勒在联合诊所的眼科诊室工作，师从冯·罗伊斯教授。他很可能在那里遇到了莫里兹·贝尼迪克特，后者当时在那个科室为患者们实施电疗。

1895年11月12日，阿德勒通过了第三阶段的学科考试，并于1895年11月22日获得了医学学士学位。1896年，他再次前往联合诊所工作，不过那次工作没有持续很久，因为1896年4月1日至9月30日，他再次应召入伍，以完成下半期的义务兵役，地点在普雷斯堡第十八军医院。这次他被分配到匈牙利人病房，使用的是匈牙利名字阿拉达尔·阿德勒（Aladár Adler）。

有人推断，阿德勒又开始修习研究生课程，学习病理学。不过，迄今为止没人能找到任何文献证据。①如果他又在维也纳综合医院工作过，那么肯定做的仍是志愿工作，因为这方面也没有任何记录。

没有任何文献完整地记录过阿德勒1896—1902年的生活。他的几部传记对这一时期的记述也都是一笔带过，且

① 贝克-韦德曼斯台特博士推测，阿德勒在萨洛蒙·斯特里克教授主管的实验病理学部工作过一段时间。斯特里克教授为年轻的助手们提供了好几个职位，瓦格纳-尧雷格和弗洛伊德此前也为他工作过。

各种记述大都基于道听途说，往往自相矛盾。也没人能证实他什么时候开始了私人执业。根据卡尔·富特缪勒的说法，学生时代的阿德勒对社会主义兴趣浓厚，参加过各种社会主义政治集会，不过，他从不积极承担任何事务。此外，正是在这些小组集会上，他遇到了未来的妻子罗莎·季莫菲耶夫娜·爱泼斯坦。由于当年俄罗斯不允许女性进入大学学习，罗莎以学生身份来到了维也纳。实际上，文献证据显示，她1895—1896年在苏黎世大学学习了3个学期。[①]虽然她1897年在维也纳住了下来，但她从未在维也纳大学注册过。[②]

1897年12月23日，阿尔弗雷德·阿德勒和罗莎完婚。根据维也纳犹太人社区的登记信息，罗莎1873年11月9日在莫斯科出生，是一位犹太商人的女儿。结婚仪式的举办地为斯摩棱斯克的犹太社区。婚后，两人在阿德勒父母位于埃森大街（如今的街名是威廉-埃克斯纳大街）22号的公寓里居住，当时他父母搬到了另一处地方。

1898年，有两件事值得大书特书：一是阿德勒的第一个

---

① 根据苏黎世大学档案室提供的信息，罗莎·爱泼斯坦在该校的注册时间为1895年5月17日至1896年10月2日，在此期间，她学习了动物学、植物学、显微镜方面的课程。

② 信息源自维也纳大学档案室。

孩子出生，是个女儿，名叫瓦伦丁·黛娜，具体出生日期为8月5日；二是阿德勒的第一部作品出版成书，书名为《裁缝业健康手册》。

1899年，阿德勒在捷尔宁大街7号开办了他的私人执业诊所。这很有可能是因为作为年轻的执业医生，他感觉在埃森大街执业会很困难——那里距离许多著名专家执业的片区不远。其实，那条街距离普拉特公园不远，人流量大，在那里开业的话，他的机会更多。

除了阿尔弗雷德·阿德勒的女儿亚历山德拉于1901年9月24日出生外，我们手头没有任何有关他1900—1901年经历的文字资料。1902年8月12日至9月15日，阿德勒在匈牙利预备役部队洪韦德第十八步兵团服役35天。这个团主要由说德语的士兵组成，其驻地在布尔根兰州厄登堡镇。[①]

同年，阿德勒开始与海因里希·格伦携手合作，后者是新创办的医学刊物《医疗趋势报》的编辑。两人之间达成过什么样的协议，外人不得而知。不过，仔细浏览那个刊物就可明白，海因里希·格伦显然将阿德勒当成了他的重要撰

① 1919年，奥匈帝国解体后，原属匈牙利的说德语的布尔根兰州被划归奥地利。不过，该州南部地区，包括厄登堡镇，仍属匈牙利，如今的地名为索普朗。

稿人。

也是在关键的1902年，阿德勒和弗洛伊德成了熟人。通常的说法是，《新自由报》发表了一篇贬低弗洛伊德的作品《梦的解析》的评论文章，阿德勒就此写了一封抗议信。这引发了弗洛伊德对阿德勒的关注。弗洛伊德给阿德勒寄了一张明信片致谢，还邀请他到家中做客。实际上，《新自由报》从未刊发评论《梦的解析》的文章，也从未发表过对弗洛伊德不利的文章。所以，后人无从得知这两人在什么情况下见了面。[①]

1904年，阿尔弗雷德·阿德勒改信了新教。根据博顿的说法，阿德勒感到不满的是，犹太教仅仅为一个族群而存在，喜欢让“全人类的普遍信仰中只有一个共同的神”。[②]1904年10月17日，在位于多罗西尔大街的新教教堂里，阿德勒和两个女儿（瓦伦丁·黛娜、亚历山德拉）一起接受了洗礼，当时罗莎没有现身。[③]

---

① 经过颇费周折的调查，我们没有追踪到任何一家维也纳报纸刊发过贬低弗洛伊德的文章，也未能发现阿德勒跟进的反驳文章。《新自由报》是弗洛伊德订阅的日报，该报先后数次出版过装订成册的弗洛伊德撰写的各类书评。

② Phyllis Bottome, *Alfred Adler, Apostle of Freedom*（London: Faber and Faber, 1939）, p. 65.

③ 这些信息由市政人口财产登记处提供。

1902—1911年，阿德勒处于围绕弗洛伊德逐渐发展壮大的精神分析圈中，他是最初的4个成员之一。1904年前，阿德勒一直努力与海因里希·格伦合作办杂志。不过，从1905年往后，他为好几家医学和教育学刊物撰写了许多面向心理分析的稿件。从维也纳精神分析学会的会议记录里，后人得以洞悉阿德勒在弗洛伊德家周三晚间聚会上的各种活动。会议记录概述了他在历次会议上的发言，以及他在各次讨论中的插话。他似乎是圈内最活跃的成员之一。最初几年，弗洛伊德也特别尊重他。[①]1907年，阿德勒的作品《器官缺陷之研究》面世，人们认为，这本书是对精神分析理论的生理学补充，弗洛伊德也为这本书叫好。1908年4月26日，在萨尔茨堡举办的第一届国际精神分析大会上，阿德勒宣读了论文《生活中的虐待狂与神经症》。1910年4月，在讨论少年儿童自杀问题时，阿德勒作为大会主席，也是主要撰稿人之一——那些稿件后来都正式发表了。1910年10月，精神分析学会搬到新址后，阿德勒被选为学会的会长，斯泰克尔为副会长。

与此同时，在阿德勒的生活里，各种变化接踵而至。他的家庭扩容了，1905年2月25日，库尔特出生；1909年10月

---

① Ernest Jones, *The Life and Work of Sigmund Freud*, II, 130–131.

18日，科妮莉娅（奈莉）出生。阿德勒一家还从捷尔宁大街搬到了城里更为宜居的地方。他在多米尼坎尼尔巴斯泰大街10号买下了一套大公寓。[①]从那往后，他依然经常被冠以各种全科医学问题顾问之名，尽管如此，当时他的专业似乎成了精神科医生。1911年，他获得了奥地利公民身份。[②]

此时，事情变得越来越清楚——阿德勒自己关于神经症的一些观点有别于弗洛伊德的观点。人们再也不能将阿德勒撰写的各种文章看作精神分析的补充，因为它们与弗洛伊德的基本假设相互矛盾。尽管如此，在组建维也纳精神分析学会的问题被提出后，弗洛伊德依然推荐阿德勒担任会长并负责新创刊的《心理分析汇编》（后来阿德勒和斯泰克尔成了该刊的联合主编）。不过，随后不久，阿德勒的观点和弗洛伊德的观点分歧越来越严重，大家都认为，必须开几次会，将问题说清楚。1911年1月4日和2月1日，阿德勒分别宣读了两篇论文，一篇是《精神分析的问题》，另一篇是《男性抗议》。至少可以这样说，在2月8日和2月22日的两次会议上，出现了群情激昂的讨论，唯有斯泰克尔坚称，弗洛伊德

---

① 根据家族传闻，阿德勒一家1908年10月或11月搬到了多米尼坎尼尔巴斯泰大街；市政人口财产登记处提供的信息显示，他们1910年仍然在捷尔宁大街居住。

② 基于贝克-韦德曼斯台特博士提供的信息。

和阿德勒两人的各种观点相互之间并不矛盾。不过，在2月会议的尾声，阿德勒和斯泰克尔双双辞去了学会会长和副会长职务。他们曾尝试和解，但没有成功，随后阿德勒和好友富特缪勒以及其他几个人退出了学会。

阿德勒和6位跟他一起退出协会的人以及其他人创建了一个新组织，“自由精神分析学会”。该组织随后被冠以“个体心理学学会”之名。

通过与精神分析学会的成员们进行数次冗长的讨论，阿德勒似乎更加清楚了自己的一些观念的原创性。恰好在那时，汉斯·费英格大受欢迎的作品《“仿佛”哲学》问世。那本书让阿德勒印象很深，让他对自己的体系形成了全新的概念框架。

弗洛伊德喜欢将身边的各位门生召集到他的公寓——后来换到了一个医学协会所在地；不同的是，阿德勒更喜欢与自己的追随者们在维也纳的某些咖啡厅见面。虽然他们在维也纳一些咖啡厅中的各种讨论比在公寓的常规交谈严肃许多，但阿德勒的少数反对者认为，他那么做实在不够严肃。正是在那一时期，阿德勒反复修正了他的体系，组建了自己的学派。1912年，他出版了第二部作品《神经症性格》；同时他宣称，将出版一系列专著。1913年和1914年，他发表了许多关于神经症及其相关主题的论文。随后，他和卡尔·富特缪勒联合创办了《个体心理学杂志》。一部名为《治愈与教育》的合订本汇集了他从前的一些论文，以及他和几位追随者新撰写的一些论文。他们最终将这本论文集改编成了个体心理学教材。那时阿德勒有了一些客户，他们除了来自中产阶级和下层，还来自上流社会。他的患者还包括俄罗斯革命家约夫，他是托洛茨基的一位朋友。（托洛茨基从1907年起一直生活在维也纳，直到1914年7月才离开。他的妻子是罗莎·阿德勒的朋友。）①

据我们所知，1912年7月，阿德勒申请了大学“无薪讲师”的职位，但这件事直到1915年1月才有了下文。如今人们已经无从知悉情况为什么会如此反常，事情为什么拖延那么久。阿德勒的候选人资格报告是瓦格纳-尧雷格撰写的（巧合的是，阿德勒第三阶段的学科考试也是他主持的；此外，他还主持了向阿德勒颁发医学学位证书的典礼）。

---

① Ln Trotzky, Ma Vie, Maurice Parijanine, trans.（Paris: Gallimard, 1953）, pp. 230–231, 285. I. Deutscher, The Prophet Armed, Trotzky: 1879—1921（London: Oxford University Press, 1954）, p. 193.

在这份报告里，有关阿德勒学术成就的介绍篇幅出人意料地短。“据他说，在争取医学学位的4年里，在维也纳综合医院和联合诊所的精神病学、内科学、眼科学领域，他表现得都很积极。不过他没说过自己去过哪些机构、经历过什么岗位。”这种多少有点儿草率敷衍的叙事方式说明，瓦格纳-尧雷格对阿德勒所说的实际情况不是特别有信心。这也说明，瓦格纳-尧雷格认为，阿德勒的两本书和数不清的文章与其他候选人的科学著述存在明显的不同；他指出，除了阿德勒外，所有其他候选人提交的作品都基于他们在组织学、解剖学，或神经系统实验生理机能，或神经病症候和病因的临床研究等方面所做的探索——在阿尔弗雷德·阿德勒的作品里，完全没有这样的内容。他仅仅给出了“纯属猜测性质的一些解释”。阿德勒属于精神分析学派，虽说他对该学派的学说没那么死心塌地，但他对其方法着实忠心耿耿。这是该学派的追随者第一次申请“无薪讲师”职位，出于这一原因，“所有教授”都站出来表明立场就显得非常重要了。

瓦格纳-尧雷格认为，阿德勒的器官缺陷理论“有意思和有道理”。他指出，这一症状不仅涉及机能的增强，可能还涉及神经症。不过他发现，阿德勒的器官概念实在太宽泛——因为包含许多完整的体系，而无法做到精确。

在提及《神经症性格》一书时，瓦格纳-尧雷格批评了阿德勒对神经症的宽泛定义，以及将这种病的病因归于纯粹的心理遗传的想法。就“虚拟目标”和“男性抗议”两个概念来说，阿德勒提供了利用一些有待证实的理论进行解释的病例。瓦格纳-尧雷格绝不会严肃看待精神分析方法；不仅如此，他还批评了阿德勒的其他理论，认为其中一些理论“像弗洛伊德的理论一样荒诞不经”。

瓦格纳-尧雷格发出了严厉的拷问：“阿德勒的那些作品能称作科学著作吗？”阿德勒的主要工具是直觉，他的各种判断就是独一无二的证据。阿德勒的一切作品都是“新颖独特的”，不过，对科学家而言，仅有新颖独特是危险的。想象力应当受批评的约束。这就导致了一个问题：“在医学院讲授阿德勒必然会讲授的内容值得吗？”因为大家都认为，除了他自己的东西，他绝不会讲授其他内容。“所以我的答案是坚决说

‘不’！”这就是瓦格纳-尧雷格的结论。[①]

根据这份报告，“所有教授”一致否决了阿德勒的候选人资格，唱票人宣读，25票全体否决。

通读一遍瓦格纳-尧雷格的报告，人们难免会以为，他对阿德勒的批评首先是因为弗洛伊德——他在报告里多次提到了弗洛伊德。对阿德勒来说，整件事让人极为失望。据说他的社会主义观点是那次挫败的主要原因，不过，这几乎不可能。顺便说一句，瓦格纳-尧雷格的报告根本没提及阿德勒关于裁缝业的小册子，以及他以前发表的一些关于社会医学的出版物。

此时，第一次世界大战已然爆发，在那场世界性的悲剧中，阿德勒有属于他个人的各种担忧。当时，他的夫人带着4个孩子在俄罗斯休假，他给夫人发了封电报，敦促她返回维也纳；但他夫人没意识到形势之严峻，推迟了返程时间，终致返程受阻。经过数个月的艰难谈判，俄方才同意对她放行。她借道瑞典和德国才从俄罗斯返回了维也纳。当年阿德勒44岁，未被征召入伍，原因是从1912年12月起他就被免

① Hans Beckh-Widmanstetter, Zur Geschichte der Individualpsychologie. *Unsere Heimat*, XXXVI（1965）, 182–188.

除了兵役。不过，到了1916年，对奥匈帝国来说，军事态势已然变得更加严峻，因此当局修改了各种规定，使得许多原本应当免除兵役的人又被征召入伍。所以阿德勒作为军医被派遣到塞默灵军医院的神经精神病科。斯泰克尔在其自传里提到，他在同一家医院的同一个科室工作。阿德勒先于他到了那里，而且工作出色，他的各种检查都做得非常充分，他的病历管理完美无缺，他是个模范医生。[①]随后阿德勒被调往位于克拉科夫的第十五军医院神经精神病科。对一位没有军衔的军医进行这样的调动并将其调往位于大学城的部队医院，这件事相当反常。许多人猜测，只有通过高层的一些渠道，才有可能实现这样的调动。[②]阿德勒在克拉科夫驻留期间，为后人所知的唯一重要事件是，1916年11月，他在一个有许多军医出席的会议上开了一场关于战争神经症的讲座。[③]

没人准确知晓阿德勒在那里工作了多长时间。众所周

---

① Wilhelm Stekel, *The Autobiography of Wilhelm Stekel: The Life History of a Pioneer Psychoanalyst*, Emil A. Gutheil, ed. Introduction by Hilda Stekel（New York: Liveright Publishing Corporation, 1950）, p. 158.

② 贝克-韦德曼斯台特博士指出，阿德勒的众多患者中有一位是某将军的夫人，该将军属于军界最高层。

③ Alfred Adler, Die neuen Gesichtspunkte in der Frage der Kriegsneurose. *Medizinische Klinik*, XIV（1918）, 66–70.

知，1917年11月，阿德勒被调到格林津镇军医院，并在一段时间里负责治疗那些斑疹伤寒患者。一张明信片证实，战争结束前，阿德勒曾去过瑞士。有人猜测，他去那里是为了护送一队受伤或患病的战俘。

奥匈帝国的战败给生活在维也纳的人们带来了长期的极度的压抑。到处都是饥荒、燃料短缺、无照明的街巷、各种流行病、医药短缺。绝大多数人遭遇了破产——无论富人还是穷人，其存款都损失殆尽，而且每个家庭的结构都混乱不堪，因为成千上万的男人成了战俘，被扣押在其他国家，无法沟通联络。在返回家乡的士兵和工人中，革命宣传泛滥成灾；青少年犯罪日益严重。维也纳人曾经生活在一个强大的帝国的中心，如今那里却成了一个没有资源的共和国过度膨胀的中心，这种想法也让维也纳人压力倍增。

在那个普遍的痛苦和压抑状态横行的时期，阿德勒的各种社会主义观点以独特的、全新的面貌再次凸显出来。1918年和1919年，他发表的三篇作品均彰显出这一点。

1918年7月，帝国崩溃的3个月前，瑞士出版的《国际时事评论》刊发了一篇短评，标题为《精神病学家关于战争精神病的论述》，落款为“A. A.”——几乎可以肯定，这代表的是阿尔弗雷德·阿德勒。以下内容摘自该文。

作者指出了一个悖论，即普通民众为了一个不属于他们的事业忍受了那么多痛苦，却依旧对参战表现出极高的热情。原因在于，他们那么做是想要逃避因为无助而生出的压抑感。[①]

1918年12月，同一家刊物发表了一篇题为《布尔什维克主义和心理学》的文章，这次署的是阿德勒的全名。以下内容摘自该文。

“我们已经失去对其他国家人民的统治，不带嫉妒、不带坏心思的我们注意到，捷克民众、南斯拉夫民众、匈牙利民众、波兰民众都在聚集力量，都在醒悟，迎接全新的、独立的生活……与处在国力巅峰时期相比，我们已经痛苦到无以复加的地步……我们比如今的胜利者们更加接近那一真理。”作者进一步指出，迄今为止，唯有社会主义者们宣称，普天下的和平生活是社会的最高诉求。如今，布尔什维克主义者已经掌握国家政权，并且声称，为了全人类的利益，他们将利用好国

① A. A., Ein Psychiater über die Kriegspsychose. *Internationale Rundschau*, IV（1918）, 362.

> 家政权。他们的思想与社会主义者似乎相符，不过又与之有根本的区别。前者的权力不仅源自暴力，也需要通过暴力来维持。暴力会激发反暴力——在他们为征服欧洲而喊出道义的口号时，其他国家早已开始准备对他们发起进攻。[①]

阿德勒的第三本文字作品是一本小册子，即《另一方面》。他在其中简要概述了此前5年的一些事件，试图从中总结出教训。下面是一段摘录。

> 战前，全体民众都陶醉在军事训练和宣传中，所以，当战争真正到来时，在不断增长的精神毒素的裹挟下，人们甘愿盲目接受引领。期盼中的各种暴动根本没发生，不过，越来越多的人试图逃避作战，在军医和受命将人员送回前线的人之间，矛盾开始显现。俄国人入侵期间，各种大规模擅离职守的尝试受到军事警察的严厉阻挠。剩下的唯一可行的方法是秘密的被动抵抗，因此，国家倾圮时，人们为终于赢得了自由而欢欣鼓舞。

① Alfred Adler, Bolschevismus und Seelenkunde. *Internationale Rundschoau*, IV（1918）, 597–600.

彼时，他们才意识到，真正的敌人是已经战败的统治阶级。发号施令的人、记者、作家、投机的奸商、虐待狂式的法官们和医生，甚至还有某些科学家，已经来到了反省自己在战争中的作为的时候。不过，战争初期的大规模民众狂欢，以及数不胜数的志愿行为又该如何被看待呢？许多人参战的原因是，他们对自己的地位以及家庭生活感到不满；而醒悟得最快的往往也是这些人。不过，人们不应认为，这些人应当为他们当初的态度负责，因为他们受到了当时的领袖们的彻头彻尾的欺骗，而他们自己没有评估形势的手段。在此，阿德勒也给出了他的解释——由于没有其他出路，唯一的救赎是在压迫者的旗帜下战斗。顺便说一句，这正是数年后精神分析学家们所说的“与敌人同流合污”。[①]

由于帝国的战败，以及随之而来的社会动荡，社会民主党开始在维也纳上台执政。尽管经济困难，他们仍然启动了一个社会福利机构项目——为工人们建设低成本住房，建设慈善诊疗机构。教育改革成了他们主导的项目的主要部分。

---

① Alfred Adler, *Die andere Seite: eine massenpsychologische Studie über die Schuld des Volkes*（Vienna: Leopold Heidrich, 1919）.

新任教育部长奥托·格洛克曾经当过老师，他大力推动基于各项民主原则以及尊重不同孩子的个体需求的新教育体系的落地。[①]在一些实验学校，各种超前的新方法得到了应用。因此，在10多年的时间里，维也纳成了好为人师者们的圣地麦加。[②]这一形势为阿德勒提供了一种宝贵的机遇，让他得以推进一些想法，使之具体化。1920年，他开始创办并逐步发展一些机构（包括教师们的咨询机构、医学教育咨询机构、幼儿园、实验学校）。本书会在后续篇幅里更加详细地介绍这些机构。

阿德勒在《国际时事评论》发表的第二篇文章里提到，从前的一些朋友如今成了当权者（显然，他说的是托洛茨基和约夫）。不过他拒绝卷入激进的政治活动。根据富特缪勒的说法，他仅仅参加过一次共产党的会议。虽然他时不时会为奥地利社会民主党机关报《工人报》写几篇文章，但他早已不是社会民主党党员——这让他从前的一些合作者非常愤怒——而且还声称，人类最紧迫的需求是在各种个体心理学

① 一本小册子对他关于学校改革的一些想法扼要进行了介绍。参见Otto Glöckel, *Drillschule, Lernschule, Arbeitsschule*（Vienna: Verlag der Organisation Wien der sozial-demokratischen Partei, 1928）。

② Robert Dottrens, *The New Education in Austria*, Paul L. Dengler, ed.（New York: John Day, 1930）.

观念指导下进行教育改革和教育传播。1920年，阿德勒筹备了第一家为教师们服务的咨询机构，教师们会与他或他的合作者们面谈关于他们所教班级里难于管教的孩子们的各种问题。

从这一时间节点往后，阿德勒的生活变得与个体心理学的发展和历史越来越密不可分。

《个体心理学杂志》的出版发行因为战争停了下来，后来在1923年以《国际个体心理学杂志》的名义复刊。那一时期，该刊收录的各类文章来自欧洲和北美洲阿德勒学派的团体。同年，阿德勒前往英国做了几场讲座，还在牛津召开的国际心理学大会上宣读了一篇论文。1924年，他被任命为维也纳城市教育学院的教授，许多教师选修了他开设的一些课程。1926年，由欧文·韦克斯伯格主编的足有864页厚的大型教材①出版了，这本教材尽可能详细地阐释了个体心理学的方方面面。

1926年是阿德勒频繁出席各种活动的年份，在这一年，阿德勒发表了许多论文，还将他的一些追随者的专题论文编纂成一套论文集②。他还用越来越多的时间去各地开讲座，

① Erwin Wexberg, *Handbuch der Individual-Psychologie*（Munich: Bergmann, 1926）.

② Alfred Adler, L. Seif, O. Kaus, eds., *Individuum und Gemeinschaft: Schriften für Individualpsychologie*（Munich: Bergmann, n.d.）.

其范围扩大到了美国。他还拨冗接受记者的采访，向其解释他的各种观点。[1]

奥地利的社会形势和经济形势得到了极大改善，阿德勒的事业一定程度上重新繁荣起来。1927年9月9日，他在萨尔曼斯多夫买下了一所乡间别墅，那里是维也纳市郊最北端的一个村子的一部分。那是一座大房子，还附带漂亮的花园和果园，放眼远望，到处都是维也纳风格的小树林。一到夏季，阿德勒就经常在星期天和节假日前往那里，在有大量朋友同时来访时，他也会前往那边接待。10月19—23日，他和一大批知名的美国和欧洲心理学家一起参加了在美国俄亥俄州斯普林菲尔德的威顿堡大学举办的威顿堡专题研讨会。同年，阿德勒的第三部重要作品《认识人性》面世，那本书为他在近期教学中描绘的思想形态勾勒出了清晰的画面。

渐渐地，阿德勒大部分时间都待在美国。他往往会跟家人一起在维也纳度过夏季，在那里继续从事各种已有建树的活动，然后前往美国度过当年余下的时间，而且往往是在欧洲各国开完各种讲座之后。1929年，他被任命为维也纳玛丽亚希尔费诊所的医药总监。那是一家为神经症患者提供诊疗

① *New York Times,* September 20. 1925, Sec. 9, p. 12; the *New York World*, December 26, 1926, Sec. E, p. 3; A Doctor Remakes Education, *Graphic Survey*, LVIII（September 1, 1927）, 490−495 ff.

的诊所。1929年春季学期，以及1930—1931年冬季学期，他还是纽约的哥伦比亚大学“大学拓展教育课”的讲授者。

根据1930年7月11日维也纳市议会的一项决议，阿尔弗雷德·阿德勒获得了维也纳公民身份。“适逢他60岁生日之际，以感谢他在科学领域创造的诸多伟大功绩。”[①]当时的市长卡尔·塞茨主持了为此举办的一场仪式。[②]博顿记述道，市长向阿德勒问好时将他称作弗洛伊德杰出的学生。这一愚蠢的误解让阿德勒愤怒不已。按同一位传记作家的说法，那年在纽约又发生了一件让阿德勒痛苦的事：在阿德勒不知情的前提下，他的一位崇拜者向哥伦比亚大学提议授予阿德勒名义教授的头衔，而该大学管理层认为，这一提议不成熟。阿德勒听说了此事，对此感到愤怒，随后辞去了该大学的职务。1932年，阿德勒开始在长岛医学院执教。那个时候，他又多了一些担忧，因为他的一些左派追随者执意认为，个体心理学是对马克思主义的延伸。

1934年，社会民主党在奥地利遭到镇压，来自纳粹的威胁变得越来越凶险，阿德勒已经预见到那场即将在整个欧洲

---

① 授予阿德勒的称号并非博顿误以为的“维也纳荣誉市民”，而是“维也纳市民”。这本身就是荣誉称号，与政治权利或其他权利无关。

② 具体信息由维也纳市政府档案部提供。我们未能找到市长讲话的文字稿，官方显然没有此次讲话的正式记录。

爆发的大灾难。他认为，个体心理学的未来需要仰仗其向北美洲的转移。他还创办了英文版《个体心理学杂志》。阿德勒在美国定居下来，他被一种严重的疾病击倒了，人们普遍认为他已经离死亡不远了。他的妻子和女儿亚历山德拉从维也纳赶过来照顾他。他康复了，不过，由于那场病，从那往后，他们全家人将美国当成了家。

经过长时间的多轮谈判，1937年2月24日，阿德勒位于萨尔曼斯多夫的乡间别墅终于出售了。[①]有人为阿德勒制订了一套1937年5月24日至8月2日在英国期间的演讲和参会计划。那时，他极为担忧大女儿瓦伦丁的安危，因为她在俄罗斯失踪了。在前往英国途中，阿德勒在荷兰海牙为儿童研究协会做了一场演讲。当天傍晚，他的朋友约斯特·米尔卢医生接到他打来的一通电话，说他身上疼，很可能是心绞痛。米尔卢医生带着一位心内科医生赶了过去。之后，他的疼痛消失了。不过，心内科医生建议他进行全面的心脏病学检查，并且休息一段时间。[②]可是，第二天阿德勒就离开当地赶赴英国了。在巡回演讲的第四天，具体时间是1937年5月

① 现在的房主慷慨地向本书作者提供了位于萨尔曼斯多夫的那套乡间别墅当年的交易信息。

② 信息来自米尔卢医生的个人书信。

28日上午，阿德勒倒在了苏格兰阿伯丁市联合大街上，随后在前往医院的警用救护车上死亡。受阿伯丁大学邀约，6月1日，人们在国王学院礼拜堂举办了一场纪念活动，到场的有阿德勒的一些家庭成员，以及来自市议会、各大学、各科学协会的许多代表。他的遗体被运到了爱丁堡，在沃里斯顿火葬场火化。人们还为他举办了一场宗教仪式。在仪式上，荷兰个体心理学社团的隆格博士用德语宣读了悼词。[①]

① 信息由热心的阿伯丁市图书馆管理员和爱丁堡市图书馆管理员提供。

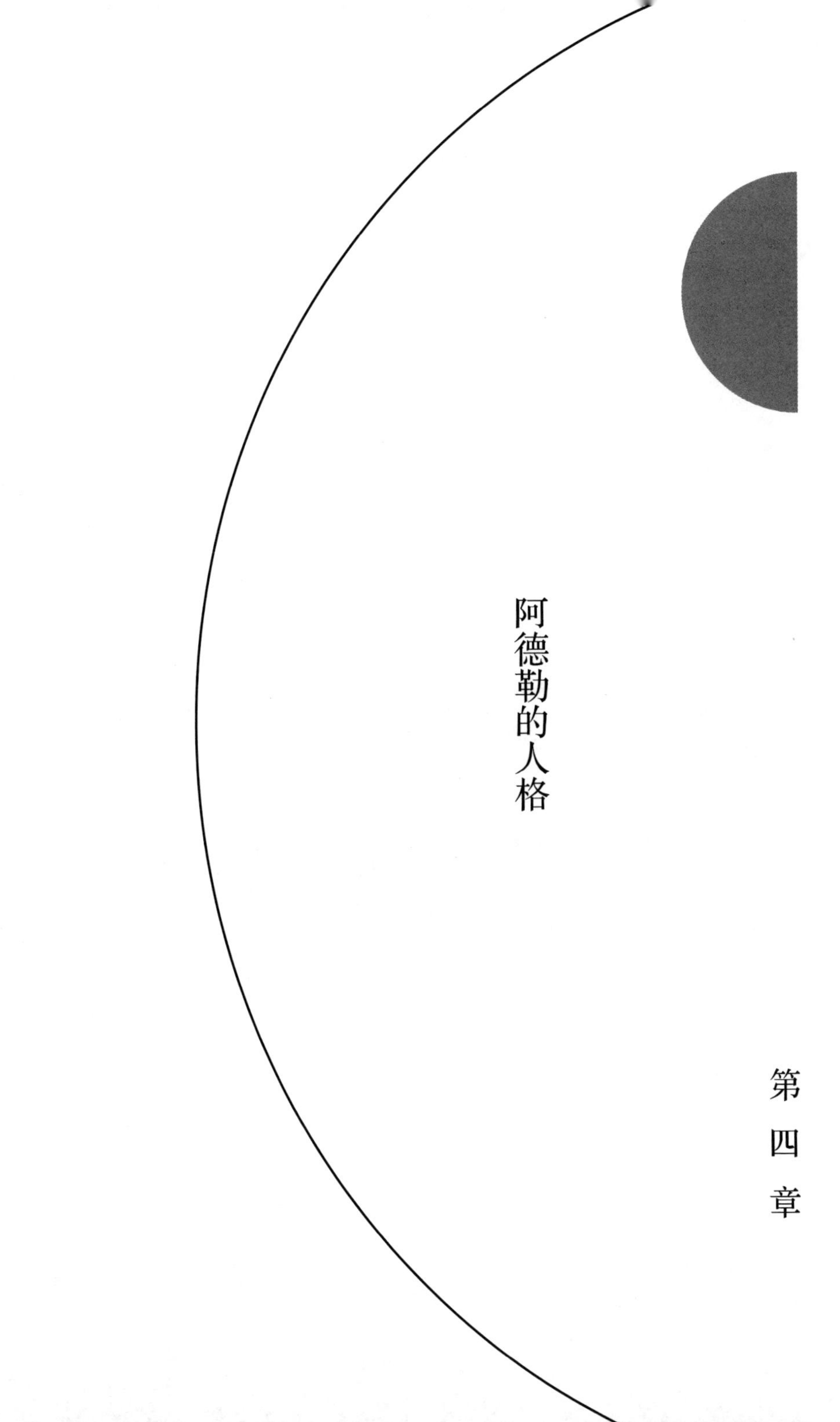

第四章 阿德勒的人格

鉴于阿尔弗雷德·阿德勒的同代人对他的各种说法相互矛盾，以及他的人格在其一生中经历了数次变化，准确评估他真实的人格相当困难。

我们手头最早的资料显示，他是个体弱多病的孩子，受头脑聪明的大哥的压制，不是个特别聪明的学生。再后来，人们看到他成了热切的社会主义者，以及对社会医学感兴趣的、技术娴熟的年轻执业医生。阿德勒与弗洛伊德合作期间，人们对阿德勒的种种描述将他刻画成了一个办事积极却超级敏感和脾气暴躁的人。1910年3月，阿尔方斯·梅德博士在纽伦堡见到了阿德勒，他描述道：

> 我宣读完论文后，阿德勒来到我跟前，揪住我坎肩上的扣子，一个接一个地揪，然后开始向我解释他的一些观点。为了他的那些理论，他想赢过我……他的举止里有一种让人不快的东西……他相当古怪，长得不帅，

身上没有任何魅力。[1]

战争中的一些事件似乎在阿德勒身上造成了显著改变。对此，琼斯描述道：

> 我个人对阿德勒的印象是，一个孤僻的、难以相处的人，他总是在与人争辩和闷闷不乐之间来回切换。他明显抱负远大，总是为了强调他的观念的重要性而不停地与他人争论。不过，多年后当我再与他见面时，我注意到，事业成功让他在某种程度上变平和了，早年间他几乎没有这种表现。

阿德勒已经变得越来越像个理想化的使徒。对他来说，理想化是世间唯一的救赎途径，为了宣传理想化，他全身心地超负荷工作。

个体心理学家们一直在反复尝试用阿德勒自己的方式去理解他，也就是解析他早期的那些记忆，分析他在家庭排序中的处境。

---

① 信息来自梅德博士的个人书信。

> 我最早的记忆之一是，我坐在一张长凳上，由于佝偻病而浑身缠满绷带，身体健康的大哥就坐在我对面。他能跑能跳，能毫不费力地到处转悠，对我来说，任何类型的移动都是一种负担，需要付出努力。每个人都在尽最大努力帮助我，母亲和父亲也做了力所能及的一切。这段记忆形成时，我肯定是2岁多。[①]

那些最早的记忆的确很有特色，佝偻病代表的是器官缺陷的经验。后来，阿德勒一度把器官缺陷放置在心理体系的中心。无助的、动弹不得的孩子的场景正是人类全力以赴试图移动的生动写照，这也正是阿德勒学说的基本要素。与大哥的激烈竞争出现在兄弟姐妹排序概念的最初构想中。孩子被试图帮助他的人们包围的场景是阿德勒解释神经症患者的生活方式的早期版本。

他的另一个早期记忆是年幼的弟弟的出生和死亡，这分散了母亲的部分注意力——作为疾病缠身的孩子，以前的阿德勒一直受到母亲的关注。过早地认识到死亡这一事实又因为一年后他自己差点儿死于肺炎而得到强化，导致他决心未

① Ernest Jones, *The Life and Work of Sigmund Freud*（New York, Basic Books, 1955）, II, 130.

来成为医生，也就是说，向死亡发起挑战。

阿德勒入学第八年或第十年遇到的一件事后来成了经典故事。他在数学方面一直不擅长。一天，老师写出一道题，班里没人能解答。年轻的阿德勒觉得，他有正确答案，并鼓起勇气走向黑板。让在场所有人诧异无比的是，他写出了答案。从那天往后，阿德勒觉得，他在数学方面比很多人强，并且在这一科目上成了佼佼者。（对这件事，博顿的说法为，当时老师自己也没有答案，阿德勒的那一壮举让他成了“数学天才”。）

说到家庭排序，本书此前早已提到，阿德勒与父母的关系与弗洛伊德的“俄狄浦斯情结”恰好相反。母亲是对手，阿德勒得运用实力才能与之抗衡，这一态势与后来他跟夫人的抗衡可以类比。他在兄弟姐妹中排行老二，上有非常聪敏的大哥，下有与其竞争的弟弟，也许正是排行老二这一命运导致他把自己夹在西格蒙德·弗洛伊德和卡尔·古斯塔夫·荣格之间。

阿尔弗雷德·阿德勒是个身材矮小而结实的人，没人会称他长相帅气。他有一颗硕大的、滚圆的脑袋，前额突出，还有一张阔大的嘴巴。他从不留胡须，不过他留有长长的黑色上髭；在晚年，他会把上髭打理得干净整洁。他有一双让人非常钦羡的眼睛，因为它们总是流露出变幻莫测的神情，有时含蓄到像蒙了一层雾，有时又锐利到能洞穿一切。他是个感情充沛之人，喜欢活动，思维敏锐。一般情况下，他会控制好感情，不过，他通常超级敏感。申请无薪讲师遭到拒绝一事让他终生耿耿于怀，后来的美国哥伦比亚大学事件亦如此，维也纳市长愚蠢的误读更是如此。

正如本书此前所说，阿德勒接受过古典教育，包括学习希腊语、拉丁语、德语作家们的作品，而且他读书很多，不过，他不屑于表现得博学多才。在古典文学领域，他喜欢的作家包括荷马、莎士比亚、歌德、席勒、海涅等人，还有奥地利剧作家格里尔帕策和内斯特罗伊；他喜欢的当代作家有陀思妥耶夫斯基，以及其他俄国小说家；[①]他尤其喜欢费舍尔的小说，例如《也是一个》，书里让人眼前一亮的幽默和他自己的幽默十分相像。

阿德勒年轻时喜欢的运动有游泳、远足、爬山，后来由于心脏问题，他只好彻底放弃这些运动。他学会开车时已年近60岁，不过他始终没能成为一个好司机。他在音乐、唱歌、表演方面天赋极高——歌唱得尤其好。青少年时期和成年早期，他经常去听音乐会和看演出。后来，孤身一人待在

① 信息来自亚力山大·阿德勒的个人书信。

纽约期间，他打发闲暇时间的唯一活动是泡在影剧院里。

阿德勒不是个特别优秀的谈话者，不过，赶上熟悉的话题，他又是个善于言辞之人，而且特别喜欢插科打诨。另一方面，人们普遍认为，他是个出类拔萃的演讲者，回答问题时才思敏捷，妙趣横生。身为作家，他不仅没有自己的风格，而且不擅长把握整体结构，遣词造句也不出色。虽然他说母语德语（包括所谓的维也纳本地方言）非常流利，但在学习外语时有些困难。他一直学不会法语，至于匈牙利语、俄语，以及其他语言，他都说不了几个词。然而，在生命的晚期，他很好地掌握了英语，无论是说还是写都相当棒，尽管说话时带有明显的口音。

对于去过阿德勒家的某些人来说，他的生活方式足以让人惊诧不已。与弗洛伊德不同，他不搜集艺术品，他过的是一种小资产阶级生活。1963年8月，本书作者采访了他从前的一位邻居，一位高寿老者，他对本书作者说：

他身上没有任何显眼的地方。他客客气气，不会给人留下特别深的印象。外人可能会把他当成裁缝。虽然他在乡下有个别墅，但他看起来不像收入高的人。他妻子普普通通，是个正派的家庭主妇。他们家只有一个女佣。虽然他经常外出，家里客人也多，但以前我一直不知道他是个名人，直到有一天，有人专门给他办了场大型活动。

尤金·闵可夫斯基博士在维也纳拜访过阿德勒，他觉得阿德勒不谙世故，却很有魅力。他说："根本看不出他是个了不起的大师。"[①]

博顿在她的自传里说，1927年夏天，她第一次见到阿德勒时感到很失望。她在自传中写道：

> 我一直以为会见到一个苏格拉底式的天才，他会一下子让我们所有人深入理解心理学。可我见到的是个非常和蔼的、会体谅人的客人，他说话没有任何亮点，就像在跟身边的人挨个打哈哈一样。[②]

长期以来，熟悉阿德勒的那些人一致认为，他具有"认识人性"（凭直觉准确理解他人）的天赋，而且达到了炉火纯青的程度。这在他的临床工作中尤为明显。每当出现一位

① 信息来自闵可夫斯基的个人书信。

② Phyllis Bottome, *The Goal*（New York: Vanguard Press, 1962）, p. 138.

新患者（事前他对其一无所知），他都会观察对方一小会儿，提几个问题，然后就会对面前这个人的各种难题、临床心理障碍、生活中的麻烦等得出全面认识。每当心理学家们一起会诊时，在听他人念完一位新患者的病历后，他总能猜对患者来到会诊现场时的行为举止，以及说话内容。后来他差不多能做到立刻猜中任何人在兄弟姐妹排行中的位置了。阿德勒还有一点特别出名，即他具备立刻与任何人建立互信的天赋，这些人包括叛逆的孩子、精神病患者、罪犯。他真的对全人类都兴趣浓厚，而且对他人的困苦感同身受。不过，和皮埃尔·让内一样，如果他诊治的那些患者在他面前装病和撒谎，他肯定立刻就能察觉。

就各种政治事件而言，阿德勒同样具有先见之明。早在1918年，他就预见到，布尔什维克主义者的暴力运动一定会激发反暴力运动——远早于希特勒建立政权和第一次尝试暴动。随着时间的流逝，他明确预见到纳粹的行动和第二次世界大战浩劫的发生。

与心理方面的敏锐形成鲜明对比的是，阿德勒缺乏实际操作素养，这在他的发展道路上往往极具灾难性。早年间，他在维也纳各家咖啡屋举办过多次非正式聚会，还邀请了许多神经症患者参会。这些最终都被证明是严重的错误，因而他得到了思想浅薄的名声。[①]随着时间的流逝，缺乏现实感在他身上变得愈发明显。由于惧怕妥协，他遇到了许多困难，旁人往往会认为，这是因为他缺乏灵活性，缺乏外交意识。移民美国后，他遇到的各种现实困难达到了顶点。年届60，在一个全新的国家，处在陌生的语境中，到处都是陌生的习惯，他感到了孤独。博顿坚信，找个好秘书，肯定会让阿德勒延寿10年，然而，在挑选秘书方面，他缺了点儿运气，以至于许多寄给阿德勒的文章往往会不知所踪，许多重要信件也得不到回复。[②]

博顿此前已经为我们说清阿尔弗雷德·阿德勒对罗莎·爱泼斯坦的感情，以及两人的婚姻。[③]罗莎·爱泼斯坦接受过自由教育。那一时期，许多俄罗斯女学生前往欧洲中部的一些大学读书，她们中的一些人嫁给了自己的同学或教授。我们可以列举出一长串以那种方式娶了俄罗斯女学生的法国、德国、奥地利学者。这些俄罗斯妻子对丈夫的思想和

① 一位亲历那些英雄岁月的人非常确切地告诉本书作者，诺沃特尼让阿德勒意识到，以维也纳各家咖啡屋作为个体心理学运动的中心存在风险。

② Phyllis Bottome, *Alfred Adler, Apostle of Freedom*（London: Faber and Faber, 1939）, p. 266.

③ Phyllis Bottome, *Alfred Adler, Apostle of Freedom*（London: Faber and Faber, 1939）, pp. 50–57, 129–130.

终生事业都施加过什么样的影响，这一问题探索起来一定很有意思。就阿德勒而言，妻子的影响似乎相当大。富特缪勒说，罗莎·爱泼斯坦是个热情的社会主义者，在她成为阿德勒的妻子前，两人经常一起参加各种社会主义会议。罗莎特别独立，意志坚强。然而在最初的、无拘无束的幸福阶段之后，各种困难反复涌现。正如博顿所说："为解放妇女而战和跟已然获得自身解放的女性一起生活，是完全不同的两码事。"[①]两人之间经常发生争论。阿德勒属于奥地利中产阶级下层，在这一阶层的人眼里，女人首先应当做个家庭主妇，服服帖帖接受各种礼仪标准；然而，罗莎出自知识分子家庭，这类人认为，各种礼仪标准都是次要的。另一类争论的出发点是，罗莎一直是坚定的激进主义者，她一直无法理解，阿德勒为什么会一心扑在个体心理学上。还有，1914年，他们分别支持各自的原籍国，当时两国正在交战。

博顿曾经指出，婚姻中的这些问题极大地影响了阿德勒在《神经症性格》一书里所做的表白，尤其是他的"男性抗议"观念。在美国的家里，阿尔弗雷德·阿德勒平静地度过

---

① Phyllis Bottome, *Alfred Adler, Apostle of Freedom*（London: Faber and Faber, 1939）, p. 57.

了晚年时光。1934年，在他重病缠身期间，罗莎来到美国陪伴他。

在阿尔弗雷德·阿德勒的一生中，他的思想观念曾经有过几次修正。他年轻时曾经深受马克思主义吸引，有个时期，他曾经是社会民主党党员。他一直对政治保持着极大的兴趣，并且从不试图隐藏自己的政治观点。不过，他渐渐变了，开始将教育问题和涉及个体心理学的问题摆在优先位置。

后世没人准确知道阿德勒什么时候与犹太教断了联系。从他就某些神经症患者将宗教当成避难所，以逃避人生追求的评论里，我们可以推测，他对宗教本身持怀疑态度。然而，从他的所有文字作品里，我们找不出确切的反宗教言论。值得注意的是，1904年，在离开犹太教会后，他随即加入了新教教会。根据博顿的说法，阿德勒因犹太教将自身局限于单一族群这一事实感到厌倦，他希望自己属于一个更普世的宗教。阿德勒还发现，与新教牧师雅恩就宗教和个体心理学为题展开讨论很有意义，他从中认识到，尽管一方坚守科学阵地，另一方坚守信仰阵地，但双方在追求各自的理想方面有许多共性。

人们可以恰当地认为阿德勒的世界观与弗洛伊德的世界

观截然相反。[①]在某种程度上，弗洛伊德是个追寻叔本华思想的悲观主义者，他把神经症患者看作人类宏大的、悲剧性的自我欺骗的牺牲者。阿德勒是个乐观主义者，他很赞赏莱布尼茨的一些观点，他把神经症患者看作可怜的个体——这种人为了逃避人生责任会明目张胆地行骗。他渐渐开始相信，自我完善的驱力是人类的本质。阿德勒与弗洛伊德的区别还能从他们各自运动的组成看出来。精神分析学会的组成细分到了极致——采用一种金字塔形的构成方式，中央委员会在塔的尖顶，而弗洛伊德身边围绕着一个更私密的“圈子”。反观阿德勒的个体心理学学会，就是个松散的机构，每次开会总会有数不清的患者出席，因为阿德勒希望他们中的每个人都参与行动，成为旗手。阿德勒秉持着一种救世主一样的姿态，希望自己的行动可以借助教育、学说、心理疗法来征服和改变世界。

① 这些想法主要受与维也纳的弗兰克尔教授的一次谈话启发。

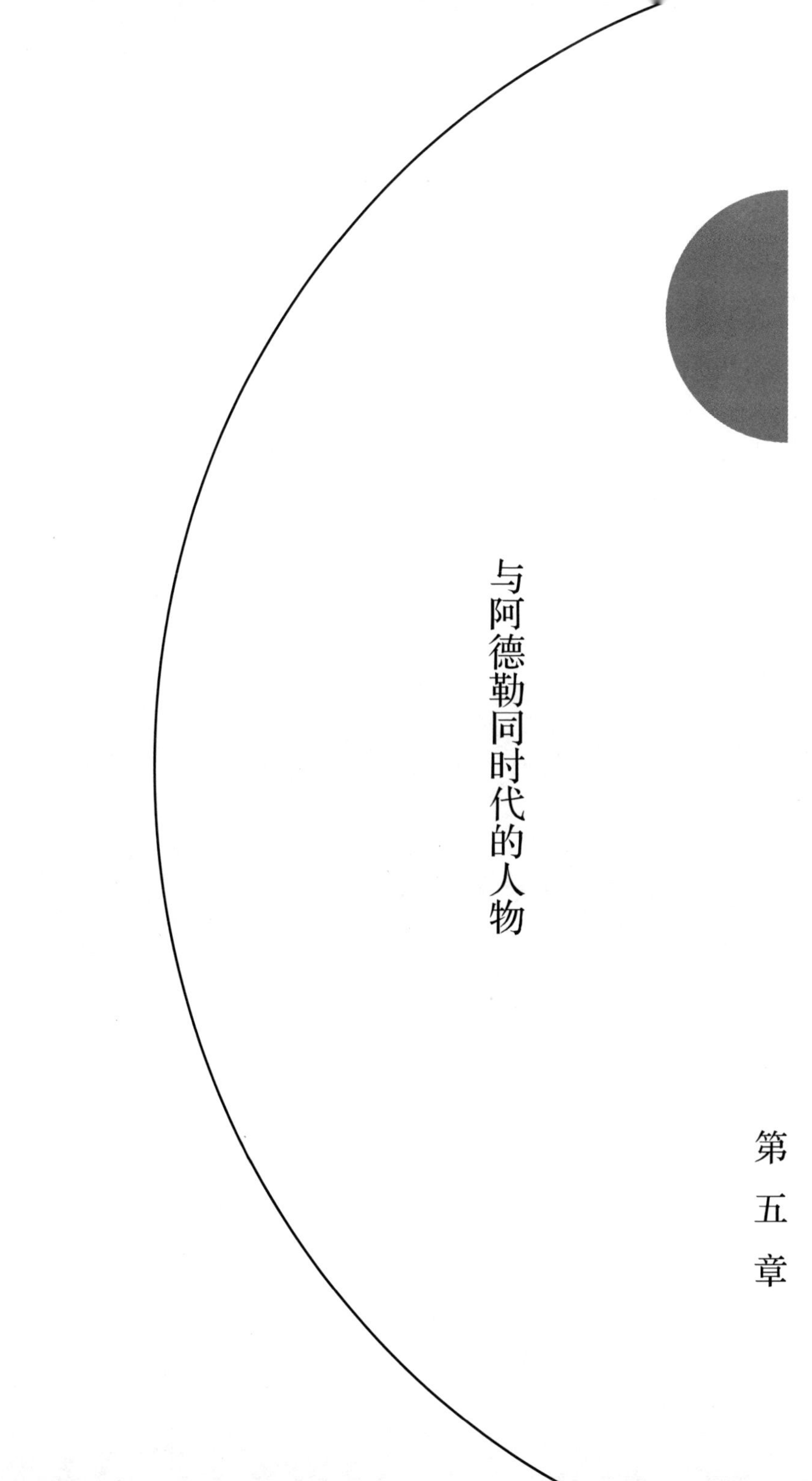

第五章 与阿德勒同时代的人物

若想理解任何一位思想家或科学家的蜕变，唯有审视其与同时代的人在人际和学术方面形成的关系网。我们从阿德勒众多同时代人物中挑出了一位，以管窥他那复杂的关系网，此人是威廉·斯泰克尔。人们对他的了解主要来自他那部英文版自传。[①]

威廉·斯泰克尔在布科维纳省切尔诺维茨度过了童年和青少年，他属于一个说德语的东正教犹太家族。完成中学学业后，他前往维也纳学医，随后就开始全科医学执业，同时继续学习和深造。他能够轻松地撰写文章并且保持规律性，不仅为数家报纸供稿，也向医学杂志投稿。他的一篇附有3个临床病例的关于一些儿童早期性经历的论文[②]吸引了弗洛

① Wilhelm Stekel, *The Autobiography of Wilhelm Stekel: The Life History of a Pioneer Psychoanalyst,* Emil Gutheil, ed., Introduction by Mrs. Hilda Stekel（New York: Liveright Publishing Co., 1950）.

② Wilhelm Stekel, Üer Coitus im Kindesalter, eine Hygienische Studie. *Wiener Medizinische Blätter*, XVIII （1895）, 247−249.

伊德的注意，而且后者引用了文中的内容。斯泰克尔就弗洛伊德的《梦的解析》写了篇热情洋溢的评论，并将该评论发表在1902年1月29日和30日的《新维也纳日报》上。从那往后，斯泰克尔成了弗洛伊德的热情的追随者。据他说，正是他向弗洛伊德提议每周三晚间在他家聚会。他参与了精神分析早期历史的所有活动。1908年，他的著作《神经性焦虑的症状及其治疗》[①]问世，弗洛伊德为那本书作了序。1911年，他撰写的关于梦的教材[②]面世；1912年，他研究诗人们的梦境的报告[③]面世。他的文学产出似乎无休无止。渐渐地，他的一些观念与弗洛伊德有了分歧。比方说，他认为焦虑是生本能的反应，而非死本能的反应；他强调了各种攻击性驱力的重要性，还把癫痫发作解释为各种犯罪驱力转向自身的结果；他还主张，神经症是宗教压迫和各种道德压迫引起的。

在阿德勒和一小批人离开弗洛伊德后，斯泰克尔继续忠

---

① Wilhelm Stekel, *Nervöse Angstzustände und ihre Behandlung*, Vorwort von Prof. Dr. Siegmund Freud（Berlin and Vienna: Urban and Schwarzenberg, 1908）.

② Wilhelm Stekel, *Die Sprache des Traumes*（Munich: Bergmann, 1911）.

③ Wilhelm Stekel, *Die Trüme der Dichter*（Munich: Bergmann, 1912）.

心耿耿地追随了弗洛伊德一段时间，可他总是遭到团体里其他成员的攻击。因此，他随后也离开了精神分析学会。在其他领域，斯泰克尔也是个多产的作家。他不仅为孩子们作曲、写歌，还用散文和诗歌形式写舞台剧，以及幽默故事集，有时用真名，有时会用笔名“塞里纳斯”。与他正式出版的精神分析病例记录中的患者相比，他的剧本以及幽默故事集里的一些角色更为真实。

第一次世界大战期间，斯泰克尔从事的是军医工作，他必须处理许多“炮弹休克症”病例。不过，他依然腾出时间为多家报纸和医学刊物撰写文章。战后，他的身边聚集了许多学生。他仍然自称精神分析学家，仍然将弗洛伊德称作大师，不过，他的各种疗法都变得更加简单了，其中还包括再教育成分。他在参与文学活动方面一如既往。

随着时间的推移，斯泰克尔学派变得越来越重要了。他开始到许多国家游历和讲学。他的许多作品都采用了大型专著的形式，其中的病例难以计数。纳粹入侵奥地利期间，他在最后关头逃到了瑞士，随后从那里前往英国并定居下来。在第二次世界大战最黑暗的时期，斯泰克尔自杀了。

阿德勒和斯泰克尔两人都是犹太商人的儿子，两人都认为自己童年不幸，都跟街头的坏孩子们厮混过，都在音乐、唱歌、表演方面表现出了天赋；两人都在维也纳学医，而且学有所成，最后都成了全科医学执业医生。两人又同时受到弗洛伊德的吸引，都成了周三晚间小组第一批（4个）成员之一；而且在好几年的时间里，两人都是最活跃的参与者。两人差不多同时出版了自己的第一部专著（阿德勒1907年出版，斯泰克尔1908年出版）。两人都描述了被他们称为肢体术语（阿德勒的说法）或肢体语言（斯泰克尔的说法）的东西；两人均声称这种新颖的说法是自己首创的。精神分析运动组织起来后，阿德勒和斯泰克尔分别成了精神分析学会的会长和副会长，同时都担任了《心理分析汇编》的联合主编。后来两人都离开了精神分析学会，开创了自己的新天地。第一次世界大战期间，两人先后在同一家军医院工作，后来又都在萨尔曼斯多夫买了房子。后人尚不清楚，两人在维持了那么长时间的友谊后，为什么会把关系搞得那么僵，甚至连话都不说，在街上偶遇时连招呼都不打。命运捉弄人，两人后来都被迫离开了自己的国家，并且在英伦三岛度过了生命的最后时光。

一开始，斯泰克尔在很大程度上是个精神分析学家，他关于梦的象征性、神经症症状的思想，以及一些相关的概念为弗洛伊德所接受。反观阿德勒，从一开始，他就对弗洛伊德的各种基本概念保持着相当独立的看法。随着岁月的流逝，斯泰克尔不动声色地将阿德勒的许多观念据为己有。斯泰克尔的学说汇聚了弗洛伊德的一些概念、阿德勒的一些概念，以及他自己的一些概念，是一个混合体。

1907年，在关于器官缺陷的书里，阿德勒谈到了身体症状的象征意义，他把这称作“肢体术语”。1908年，斯泰克尔的著作《焦虑的症状》中包括一系列令人印象深刻的病例，其中的许多症状是用象征性表达各种无意识感觉的“肢体语言”来解释的。与弗洛伊德的观点相反，1908年，阿德勒对原发攻击性驱力的存在及其重要性表示支持；斯泰克尔走得更远，他坚持说，在神经症[①]、抑郁症、癫痫症，甚至在择业中，犯罪天性[②]起着重要作用。阿德勒开发出术语“男性抗议”后，斯泰克尔马上炮制出了“性别战争”。另外，对于阿德勒的“心理雌雄同体”概念，斯泰克尔将其称作“性别双极性”。

对于弗洛伊德所说的压抑状态，阿德勒和斯泰克尔两人均声称，实际上，神经症患者不想看到人们称之为“压抑”

---

① Emil Gutheil, Stekel's contributions to the problem of criminality. *Journal of Criminal Psychopathology*, Vol. II（1940—1941）.

② Wilhelm Stekel, Berufswahl und Kriminalität. *Archiv für Kriminal-Anthropologie und Kriminalistik*, XLI（1911）, 268–280.

的东西。斯泰克尔强调，每一位神经症患者都会在他人面前“表演”，这大概也是借用了阿德勒所说的“患者的生活方式”。斯泰克尔所谓的神经症患者的伟大的使命观念，类似于阿德勒所说的想成为像上帝一样的人的欲望。弗洛伊德主张，行为反常是神经症的相反表现，斯泰克尔和阿德勒均对此表示反对——对他们来说，行为反常不过是另一种形式的神经症。

20世纪20年代初，阿德勒的原则在斯泰克尔的成果里变得愈发明显。在关于心灵感应的各种梦境的小册子里，斯泰克尔表示："各种梦境永远都追求探索未来，它们向我们展示我们自己对待生活的各种态度，以及生活的各种方式及其目标。"[①]在《致一位母亲的几封信》[②]一书里，斯泰克尔解释了人生最初的一些梦境的意义，并且指出，在教孩子时永远不能对孩子使用暴力，否则会在孩子身上激发对等的反弹倾向。[③]在另一部作品里，斯泰克尔谈论了“各种人生

① Wilhelm Stekel, *Der telepathische Traum. Meine Erfahrungen über die Phänomene des Hellsehens im Wachen und im Traume*（Berlin: Johannes Baum, 1920）.

② Wilhelm Stekel, *Briefe an eine Mutter*（Zurich and Leipzig: Wendepunkt-Verlag, 1927）, Vol. I.

③ 斯泰克尔的惯用说法“作用力会带来反作用力”几乎等同于阿德勒所说的“压力会带来反向压力”。

目标”[①]——孩子会给自己设定不切实际的目标，随着渐渐成长，个体会逐一放弃这些目标。然而，神经症患者始终无法做到这一点，其症状正是雄心壮志破裂的结果。他还指出，自我教育的核心问题是“每个人面对自我的勇气”。这些观点均为斯泰克尔用自己的说法对阿德勒的一些观念的转述。

斯泰克尔和阿德勒之间的相似性不应招致后人忽视他们两人和他们的成果之间巨大的差异。斯泰克尔是弗洛伊德的门生之一，离开弗洛伊德后，他甚至还声称自己依然是个精神分析学家。实际上，他只是抛开了精神分析的理论体系，却保留了其临床的、经验的要素。阿德勒的情况相当不同，他是带着一些早已成形的原创理念来到弗洛伊德身边的，在与弗洛伊德一起工作期间，他始终在慢慢推进这些理念的发展。离开弗洛伊德后，阿德勒开发出了一种概念框架，这一框架本质上不同于精神分析。

如果说斯泰克尔的学说不过是一种纯粹的、经验主义的、实用的方法，没有理论基础作为其坚实的基座，那么它表现出的极有可能正是精神分析的特色。与此同时，斯泰

---

① Wilhelm Stekel, *Das Liebe Ich. Grundriss einer neuen Diätetik der Seele*, 3. Aufl .（Berlin: Otto Salle, 1927）.

克尔获得了“离经叛道”的精神分析学者的标签。这恰恰说明，个体心理学与其不同。换句话说，假如阿德勒没有干净利落地斩断与精神分析的各种关系，没有创建自己的概念框架，那么个体心理学会有什么下场，也就可想而知了。

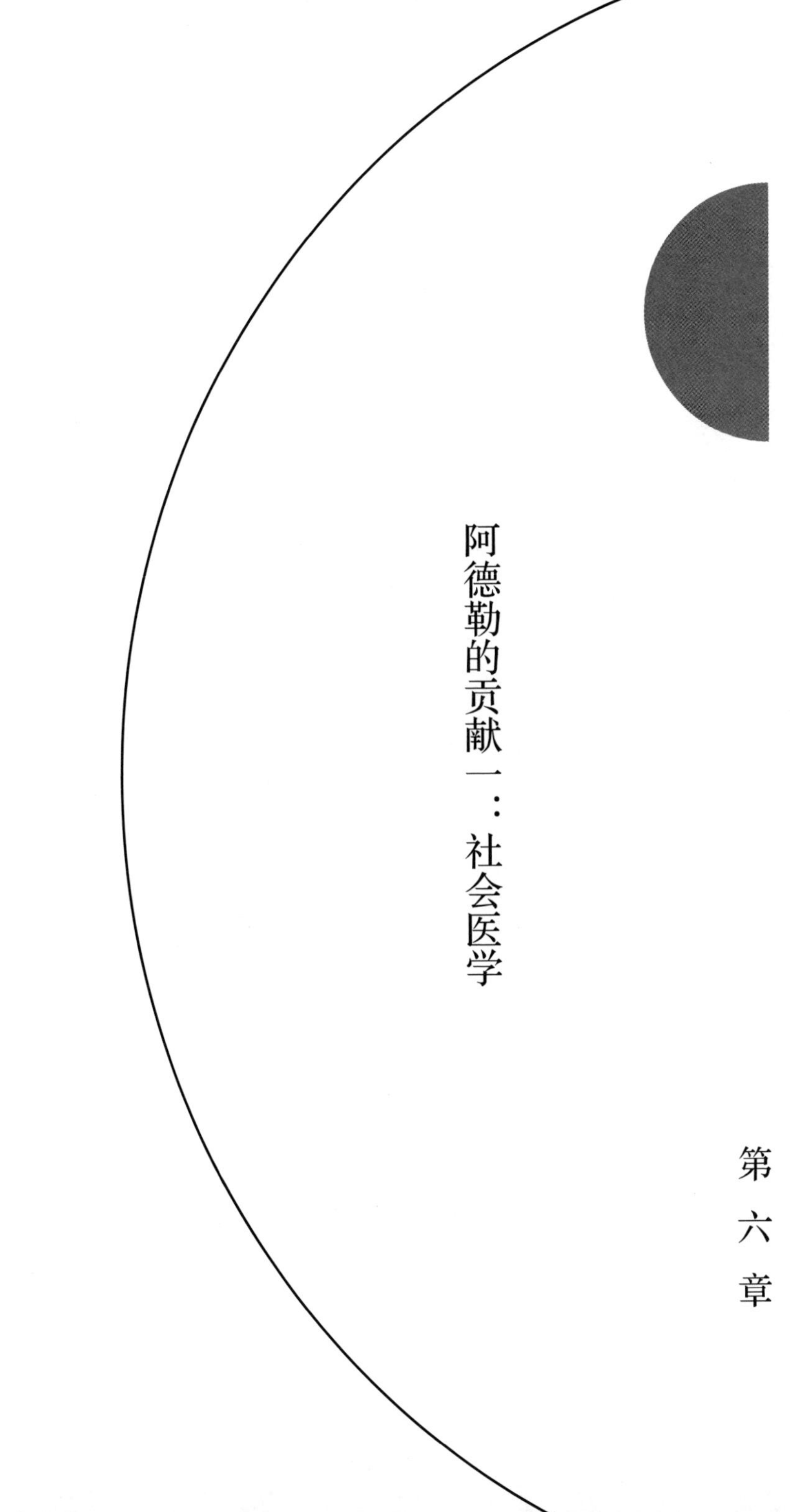

第六章

阿德勒的贡献一：社会医学

加入弗洛伊德的团队前，在社会医学领域，阿德勒早已构思和表达过一些原创想法。如果不考虑阿德勒在投身精神分析前阐述的一些概念，人们便无法正确理解他随后精心建立的个体心理学。

1898年，柏林的职业病专家戈列别夫斯基医生出版了其编纂的专题丛书的第五本书。这本书以职业病为主题，作者是当时并不知名的阿尔弗雷德·阿德勒，书名为《裁缝业健康手册》[①]。这本31页的小册子已经变得极为罕见，以至对于它是否真实存在过，个体心理学家们一直表示怀疑。[②]在这本书的前言里，阿德勒解释道，他希望揭示经济形势和特殊行业病之间的关系，以及由此产生的对公共健康的偏

① Alfred Adler, *Gesundheitsbuch für das Schneidergewerbe*, No. 5 of the series: *Wegweiser der Gewerbehygiene*, G. Golebiewski, ed.（Berlin: Carl Heymanns, 1898）.

② 在奥地利、瑞士、法国，甚或北美洲，这本小册子似乎毫无踪迹。经过长期搜索，作者终于在德国门兴格拉德巴赫的公共图书馆找到了一本。谨在此对该图书馆出借这本小册子表示诚挚的谢意。

见。这本书可以提供依据，证明疾病是社会的产品，还可以补充医务从业者们普遍接受的疾病的各种成因。下面是一段评论。

> 在专题论著的开篇，阿德勒简单勾勒出了奥地利和德国制衣行业的社会状况和经济状况，以及此前数十年中这一行业经历的一些变化。裁缝们曾经单打独斗，分别为单一的客户服务，并且联合在各行业协会之下，受其保护。如今，规模化成衣制作的到来决定了小型裁缝行业的衰退。由于国家管控，在工厂，工人们享受到了更好的条件，更容易联合起来，以维护自身的共同利益。在使用各种大型机器为境内外更广阔的市场服务方面，工厂更具优势。
>
> 作者为手艺高超的裁缝及其雇员们的窘境勾勒出一幅相当黯淡的画卷，这与大工厂里的各种工作环境形成了对照。技术进步对规模化制衣十分有利，对裁缝却绝对谈不上有益，因为裁缝仅仅使用缝纫机，只为本地小市场工作，而且更容易受经济波动的影响。最严重的灾难是全年工作分布不均，每年大约有五六个月必须密集地加班加点。在这个时期内，即使不往多里说，每天的

工作时长都得有16～18个小时，甚至需要妻子和孩子们一起上阵搭把手。全年剩下的时间段，裁缝几乎完全没事干，只好降低助手们的工资，或解雇他们。令人吃惊的是，尽管薪资水平低，德国至少有20万个体裁缝，奥匈帝国的裁缝数量大概也有这么多。这些裁缝不仅要与众多服装厂竞争，还要与熟练工竞争，后者在家做计件工，而且随时会接受个人客户的订单，为他们制作全套正装。从各方面来看，这些裁缝的生活条件相当窘迫。他们居住和工作的空间往往是单一的一处地方，而且位置往往在城市中最便宜和对身心健康最不利的区域，那里潮湿、黑暗、空气不流通，还特别拥挤，易于各种传染病的蔓延。万一出现传染病，同样会让客户们陷入危险。制衣材料堪忧也会损害裁缝们的健康，而且他们得不到各种劳动法条的足够保护。

专著的第二部分致力于介绍裁缝群体的几种常见病——主要为几种肺部疾病。这不足为奇，因为他们弓着背坐着工作，会吸入布料上的灰尘。他们中的肺结核发病率两倍于其他行业的平均值。弓背坐姿带来的第二种结果是循环障碍，例如静脉曲张和痔疮。此外，他们还经常会犯各种胃部和肠道疾病——超过30%的裁缝会受这类疾病的折磨。这种特殊的弓背坐姿还带来了身体变形，例如脊柱侧凸、驼背、风湿病、右手关节炎、踝关节胼胝，等等。裁缝们还经常受双手和双臂抽筋的困扰。各种皮肤病也成了常见病——25%的裁缝患有各种疥疮。由于经常经历针扎，他们的手指饱受脓肿的困扰；由于使用剪子时需要用力，右手拇指脱臼成了家常便饭。他们习惯于用嘴抿线头，这会导致牙龈感染，以及各种各样的口腔和胃部疾病。近距离工作导致了近视以及眼部肌肉痉挛。他们是有毒染料慢性中毒和通过带给他们修补的旧衣服传播的各种传染病的受害者。虽然裁缝在工作中遇到事故的概率高于常人的想象，但总体事故率不算特别高。据统计，裁缝们的患病概率高于其他所有行业的从业者，他们的平均寿命是所有行业中最低的。

在分析这类发病率高的一些原因时，阿德勒强调了营养不良、居住条件差、加班加点、对工人的社会保护缺失，以及一个事实，即许多裁缝选择这一行是因为他们的身体条件不适于干其他任何行业——这是一种“不合适的选择”。

在专著的第三部分，作者提议出台一项专门措施，以结束这种状况。这项专门措施要求，政府必须制定一套新的劳动法；已有的各种规定（例如疾病专项基金）必须得到加强；强制性意外伤害险（通常只适用于20人以上的作坊）必须改为覆盖所有裁缝；政府督察员必须控制所有地方的工作条件，不能仅限于工厂；养老和失业险必须是强制性的；最长工作时间必须用法律规定下来；工作场所和工人们的住所必须强制性分开；必须严禁计件工作制。另外，政府应当提供后勤保障，为裁缝们建设足够的居住和就餐场所。

贯穿这一专著的纲领是，对当代学术医学进行谴责，因为它完全忽视了各种社会疾病的存在。唯有引入公共卫生，方能控制各种传染病。同样地，唯有通过当下医学界未知的全新的社会医学方法，方能成功地使裁缝们的各种职业病得到控制。

后人无法获知，阿尔弗雷德·阿德勒是在什么样的社会状况下撰写了这本专著。至于参考资料，他提到了多种关于行业和职业病的文字材料，还提到了一些商业和卫生方面的统计数据。阿德勒所说的关于大工厂对小作坊具有碾压性优势，似乎反映了那个时代被人们广泛讨论的舒尔采-格弗尼茨的理论。该理论声称，如果没有强盛的、不断壮大的重工业，工人阶级的各种条件就不可能得到改善。[1]阿德勒对裁缝行业的描述证明，他对这一行业的认识是超越理论的，他的认识也许来源于当裁缝的伯伯大卫。显然，阿德勒是个热切的社会主义者，他明显是在倡导社会主义和医学的结合。

在阿德勒的上述专著和下一篇作品之间，4年时间悄无声息地流逝了。根据家族传闻，在此期间，阿德勒用好几个假名为维也纳社会民主党的《工人报》撰写过一些文章。后人却一直无法识别出这些文章。

1902年7月15日，海因里希·格伦医生创立了一份新的医学刊物《医疗趋势报》。 那是一份双周刊，发行量为1万份。第一期免费送给了奥地利的每一位医生。第一期前三页的下半部分被划给了阿尔弗雷德·阿德勒的一篇文章（这显然意味着它是一篇发刊词），该文章的标题为《社会力量对医疗的渗透》[2]。下面是一段文摘。

① Gerhart von Schulze-Gaevernitz, *Der Grossbetrieb, ein wirtschaftlicher und socialer Fortschritt. Eine Studie auf dem Gebiete der Baumwollindustrie*（Leipzig: Duncker and Humboldt, 1892）.

② Alfred Adler, Das Eindringen sozialer Triebkrätte in die Medizin. *Aerztliche Standeszeitung*, I, No. 1 （1902）, 1–3.

对所有哲学的、科学的，甚至是伪科学的趋势可能带来的影响而言，医学一向是敞开大门的。在物理学、化学、人类学……的帮助下，人类弄清了许多疾病的病理。不过，一直以来，就所有门类的科学而言，对医学进步贡献最大的是光学——显微镜使魏尔肖能用他的“细菌理论”为病理学打造一个崭新的科学基础，还让细菌学成为可能，这转而引领人们通过一些公共卫生措施控制各种传染病。与此同时，国家已经开始认识到，必须有健康的人口，才能为国家提供好战士和好工人，才能减轻贫困人口患病方面公共资金的负担。因此，医学是个公共问题。目前的解决方案为，医生们为穷人提供便宜的诊疗。如今，随着工人阶级的崛起，关于疾病专项基金保险以及类似的制度安排的问题有必要被重新考虑。如此一来，医疗行业到了必须面对社会医学问题，必须表明立场的节点。与政府官员和技术人员相比，医务人员一直对这种需求所知甚少。如今前述两类人已经习惯于不寻求医生的帮助，而自行解决医药进口中遇到的各种问题。医疗行业会继续让政府官员们牵着鼻子走，还是会冲到前面，找回属于自己的位置？医疗行业最终能否摆脱有限的行动策略，进而助力有意识的、成功的疾病预防?

在1902年10月15日发行的《医疗趋势报》上，出现了一篇由笔名为阿拉丁的人撰写的文章[①]。我们几乎可以肯定该文出自阿德勒之手（我们不妨回顾一下，他的匈牙利名字为阿拉达尔）。文章作者说，当今最紧迫的医疗问题是，尽可能为穷人提供好的医疗；然而，各级政府对类似需求的答复一直以来均为“我们没钱”。阿德勒认为，为摆脱这种让人厌烦的局面，我们需要有一个国家认可且具备科学权威的组织——一个配备有社会医学研讨会的教学机构。研讨会将抱着寻找解决方案的心态探索公共卫生方面的各种问题。

1903年9—10月，阿德勒撰写了一篇题为《城镇与乡村》的文章，其观点与人们普遍认为的“乡村生活比城镇生活好得多”针锋相对。[②]真实情况是，城镇的卫生状况已经得到极大的改善，城镇人口和选民人数的增加得到了各级政府机构的更多注意。尽管如此，阿德勒认为，忽视偏远乡村地区的卫生状况，最终会给城镇带来不利影响。

① Aladdin, Eine Lehrkanzel für Soziale Medizin. *Aerztliche Standeszeitung*, I, No. 7 （1902）, pp. 1–2.

② Alfred Adler, Stadt und Land. *Aerztliche Standeszeitung*, II, No. 18 （1903）, 1–3; No. 19, 1–2; No. 20, 1–2.

1903年11月，阿德勒撰写了一篇题为《政府资助还是自救？》的文章[①]，再次谴责了医学在科学和社会层面的差异。阿德勒认为，医学科学进步神速，若不是各级政府不停地拖后腿，进步会更快。考虑到研究工作极为重要，他认为，在医学领域（包括社会医学），政府应当向众多研究人员和教师提供各种合适的、长期的、报酬优厚的工作岗位。

1904年7—8月，一篇长文《医生作为教育家》面世，阿德勒在文中披露了他的新理念。

> 此前的几篇文章未能尽述医生的社会角色，本文将补充医生作为教育家的作用。这样的教育角色已经在对抗酗酒、各种传染病、各种性病、结核病、儿童死亡率高，以及探讨学校卫生等方面展现出来。不过，我们做的必须比这些还要多。医生应当在儿童教育方面提供建议。既然体弱多病的孩子们是现实的存在，那么仅为他们的饮食、锻炼，以及其他身体管理措施制定规则是不够的。这些孩子容易丢失他们最好的支持，例如对自身体能的信心。医生首先需要关注的是，如何通过恰当地

① Alfred Adler, Staatshilfe oder Selbsthilfe. *Aerztliche Standeszeitung*, II, No. 21（1903）, 1–3; No. 22, 1–2.

运用训练、各种游戏、各种体育运动，将自信和勇气还给孩子们。

随着阿德勒的这些主张而出现的是一幅儿童教育的宏图。甚至在孩子出生前，教育就应当从教育孩子的父母开始。最强大的教育方式是爱，人们必须将爱均等地播撒给所有孩子，而且不能过度。教育孩子时，人们常常会犯一些错误，最糟糕的错误之一是娇惯孩子，这么做会剥夺他们的自信和勇气。还有，施以严厉的惩罚，例如揍孩子、反锁孩子、反复斥责孩子，是危险的；吃饭时暂时不让上桌、几句简单的诫勉、故作严肃地注视，这些就足够了。在将孩子交由用人看管前，父母必须仔细权衡利弊。阿德勒随后谈到了某几类难以管教的孩子，例如顽固的孩子、爱撒谎的孩子、胆小的孩子、手淫的孩子、焦躁的孩子。避免孩子撒谎的最佳方法是让其具有勇气；孩子最危险的毛病是胆小。“如果有必要，我宁愿冒险让其成为最残忍的孩子，让其能胜任屠夫、猎手、昆虫搜集者、手术医生。胆小鬼永远只能处在文化价值较低的水平。”阿德勒总结道：“孩子的至善品质是自信和个人的勇气。”[①]

阿德勒的这篇文章表明，早在1904年，他已经精心酝酿出一套完整的教育理论。后人从中可以看出，早在那时，他已经阐释过一些想法，包括器官缺陷的影响、娇惯过度的孩子形象、自信和勇气的治疗价值。

阿德勒在文中提到了同时代的儿童心理学家普莱尔和卡尔·格鲁斯，还第一次提到了弗洛伊德。他认为，在幼童的最初印象领域和儿童性行为领域，弗洛伊德是举足轻重的人。

1904年9月和10月，阿德勒发表了一篇题为《性生活的卫生》的文章[②]，在文章里评论了麦克斯·格鲁伯撰写的同名著作，并且详细阐述了自己的一些观点。人们对其评论道：

在当时人们热议的话题上，阿德勒反对麦克斯·格鲁伯的一些观点。阿德勒声称，性抑制会给感情健康带

① Alfred Adler, Der Arzt als Erzieher. *Aerztliche Standeszeitung*, III, No. 13（1904）, 4–6; No. 14, 3–4; No. 15, 4–5.

② Alfred Adler, Hygiene des Geschlechtslebens. *Aerztliche Standeszeitung*, III, No. 18（1904）, 1–2; No. 19, 1–3.

来麻烦，这方面的例外相当罕见。至于过度性行为，阿德勒认为，麦克斯·格鲁伯夸大了其有害影响，没有证据表明这种行为方式会导致神经衰弱。阿德勒还说，所谓的控制生育的各种危险过于夸大其词。（从这方面，我们可以看出，阿德勒的观点与弗洛伊德针锋相对。）至于同性恋，阿德勒赞成格鲁伯的说法：这并非先天变态。另外，关于对同性恋进行惩罚，他认为唯有在对另一方带来偏见的情况下，以及在保护未成年人时，惩罚才是可行的。与作者不同，阿德勒从另一个视角看到了手淫的一些危险。就身体健康而言，这些危险并非真的存在；说到和谐的感情发展，这些危险的确存在。

《医疗趋势报》的出版发行持续了数年，尽管如此，前述文章是阿德勒最后一次投稿。可以肯定的是，在加入弗洛伊德的小团队时，阿德勒在社会医学、教育、器官缺陷，以及感情障碍溯源的各种教育错误等方面，已有了一些明确的想法。接下来数年，在精神分析运动框架内，阿德勒将会在新的方向上改进自己的一些想法。

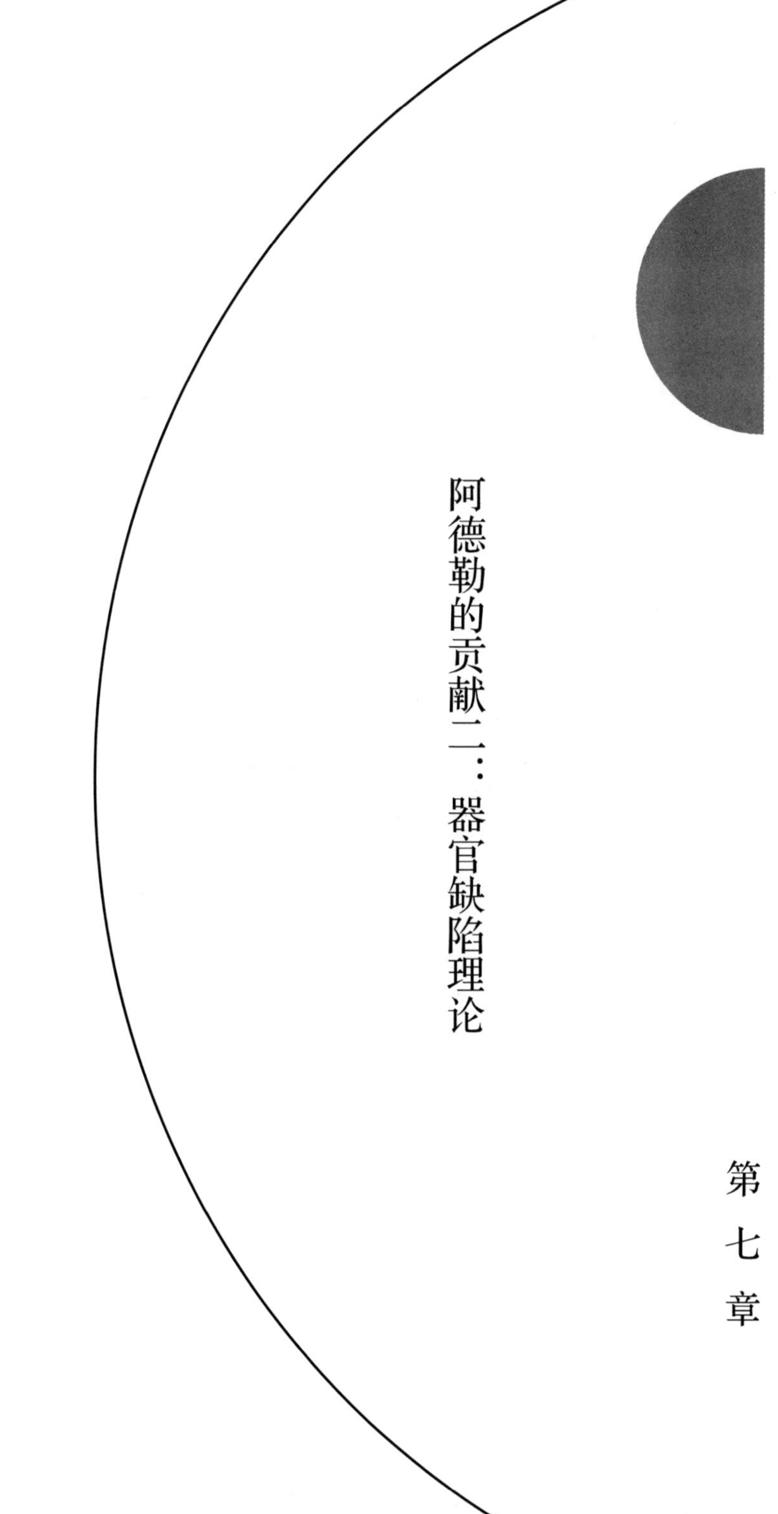

第七章

阿德勒的贡献二：器官缺陷理论

阿德勒勤勤恳恳地参与了弗洛伊德周三晚间的小组活动，他积极参与各种讨论，宣读了自己的一些论文。[①]在讨论一篇论尼采的《道德的谱系》的论文时，阿德勒对尼采的心理洞察力表达了极高的赞誉；1910年4月，他把一些重要的心理发现归功于卡尔·马克思。1910年4月，阿德勒主持了一场在校儿童自杀专题研讨会，并贡献了一篇开幕词，弗洛伊德贡献了一篇闭幕词。

那一时期，阿德勒发表的文章不计其数，其中两篇带有强烈的精神分析倾向。这两篇文章都发表于1905年，一篇模仿弗洛伊德的作品《日常生活中的精神病理学》的风格，以3位患者为例，试图阐明各种强迫症的意义。[②]另一篇聚焦于

① Herman Nunberg, Ernst Federn, eds., *Minutes of the Vienna Psychoanalytic Society. I: 1906—1908*, M. Nunberg, trans.（New York: International Universities Press, 1962）.

② Alfred Adler, Drei Psycho-Analysen von Zahleneinfällen und obsedierenden Zahlen. *Psychiatrische-Neurologische Wochenschrift*, VII（1905）, 263–266.

性教育问题，探讨了儿童性行为方面的一些问题，采用了与《性学三论》相同的模式。[①]

在参与精神分析运动时期，阿德勒的主要成就是一本关于器官缺陷的92页的薄书。[②]不管怎么说，器官缺陷都不是新概念。医生们常说的一个概念是抵抗力最薄弱的部位，也即抵抗力较弱的器官——在全身感染过程中，该部位是最复杂的风险区域之一。阿德勒提到了前辈们在这方面的作为，不过，他的独创性在于，开发出了系统理论，即器官缺陷理论。

在开篇处，阿德勒揭示了一个事实：对许多病症来说，人们只知道表征，却不了解病因。已知的病因包括全身的（例如感染和中毒），或局部的（初始原因是某个器官功能失常）。不过，对其他许多疾病来说，人们却找不出让人满意的解释。阿德勒认为，器官缺陷理论或许可解释这种类型的疾病。

某一器官的缺陷可能会有多种表现形式，多数情况下，

---

① Alfred Adler, Das Sexuelle Problem in der Erziehung. *Die Neue Gesellschaft*, VIII（1905）, 360–362.

② Alfred Adler, *Studie über Minderwertigkeit von Organen*（Vienna: Urban und Schwarzenberg, 1907）. Eng. trans., *Study of Organ Inferiority and Its Psychical Compensation*（New York: Nervous and Mental Disease Publishing Co., 1917）.

微小的异常不易被察觉，不过我们有时可以通过外显的痕迹，例如所谓的瘢痕萎缩，或受影响的器官附近存在一颗痣，将它们查出来。由于器官缺陷源于胎儿发育阶段出现的瑕疵，它会贯穿整个胚胎阶段。它可能是个功能缺陷问题，例如，器官分泌不足，或者有时仅仅是反应异常（这种反应可以增强、减弱，或者缺失）。器官缺陷可以通过患者的病历推测出来——少儿时期某一特定器官缺少正常的运作能力。阿德勒举例说，一些患者早年受肠胃紊乱困扰，很久以后成了糖尿病患者。某特定器官反复发病是器官缺陷的另一种表现形式。

所以，器官缺陷可以是绝对的，也可以是相对的。通过心理补偿，它没准还可以变为优势。补偿会发生在每个层级——在该器官内部，通过另一个器官，或者通过一些神经中枢。通过神经中枢，器官缺陷带来全面的补偿进程。补偿是患者将注意力贯注于有缺陷的器官做功的结果，这等同于训练，以使有缺陷的器官做出调整，达到令人满意的或更高的水准。

不可否认，某些特殊的疾病会遗传，阿德勒似乎在很大程度上将各种器官缺陷归因于遗传。于是，在某些家族内部，同样的器官缺陷会以各种各样的形式体现出来。在某个成员身上，它会体现为某个器官的严重疾病；在另一个成员身上，它可能仅仅是一种功能障碍；在第三个成员身上，同样的器官可能只具备一过性疾病倾向；在第四个成员身上，通过心理补偿，它反而成了一种优势。阿德勒举了几位音乐家的例子，他们的一些亲属甚至他们自己受耳疾困扰；他还举了几位画家的例子，他们的家族成员都有眼疾，或者他们自身受到眼疾困扰。

根据阿德勒的说法，部位在定位疾病方面的必然性比人们普遍认为的高得多。不妨看看一位8岁男孩的经历：一位同学摆弄铅笔时意外伤到了他，让他的一只眼睛受了轻伤；两个月后，同一只眼睛受到煤灰的伤害；3个月后，铅笔以同样的方式意外地伤到了他的同一只眼睛。发生在他身上的这3次意外难道纯属偶然吗？阿德勒了解到，这位患儿的姥爷受糖尿病性虹膜炎困扰，母亲有斜视，弟弟有斜视、远视和视物不清。他母亲的兄弟也有斜视，还经常患结膜炎。这位小患者的两只眼睛完全没有结膜条件反射，缺乏这种条件反射，外加缺乏防护，接二连三地遭遇意外也就有了解释。

阿德勒的器官缺陷理论及其心理补偿过程似乎独立于精神分析，而且两者存在互补关系，而不是相对立的。弗洛伊德一直坚持说，神经症生发于体弱多病的基础上。阿德勒一直在尝试提出一种可信的解释神经症根基的理论。本书中有两处地方表明了它与精神分析的关联。第一处是，按照阿德勒的说法，补偿的生发是由于患者的注意力集中在有缺陷的器官上，以及邻近的身体表面。如果后者是敏感区域，则必然会引发过度刺激的后果，以及神经过敏进程的开端。人们找出的第二处与精神分析有关联的地方是阿德勒的如下观点，即器官缺陷必然伴随着性功能缺陷，多种器官缺陷病例更是如此。

阿德勒的器官缺陷理论同样被精神分析群体广泛接受。阿德勒本人似乎认为，器官缺陷理论是对神经症认知有价值的补充。

早在1908年，阿德勒对弗洛伊德的基本概念“力比多”是精神生活的基本驱力表达了不同看法。阿德勒声称，将攻击性驱力解释为“力比多”受挫的结果是不合理的；另外，在正常人的生活里，以及神经症患者身上，攻击性驱力起着同等重要的作用。①

1910年，阿德勒勾勒出一种“心理雌雄同体”理论。②

① Alfred Adler, Der Aggressionstrieb im Leben und in der Neurose. *Fortschritte der Medizin*, XXVI（1908）, 577–584.

② Alfred Adler, Der Psychische Hermaphroditismus im Leben und in der Neurose. *Fortschritte der Medizin*, XXVIII（1910）, 486–493.

他说，经验告诉他，在神经症患者中，向异性展露第二性特征的频率之高令人惊异。这导致患者产生一种主观上的自卑感，并且会竭尽全力以“男性抗议”的形式获得心理补偿。以一个小男孩为例，他会把男子汉气概与攻击性画等号，把女性气质与被动性画等号。表现欲和盲目崇拜与“男性抗议”一脉相承。正是这种“男性抗议”会引领他想办法超越自己的父亲，将各种一厢情愿的表白传达给母亲。这就是阿德勒对“俄狄浦斯情结”议题的解释。

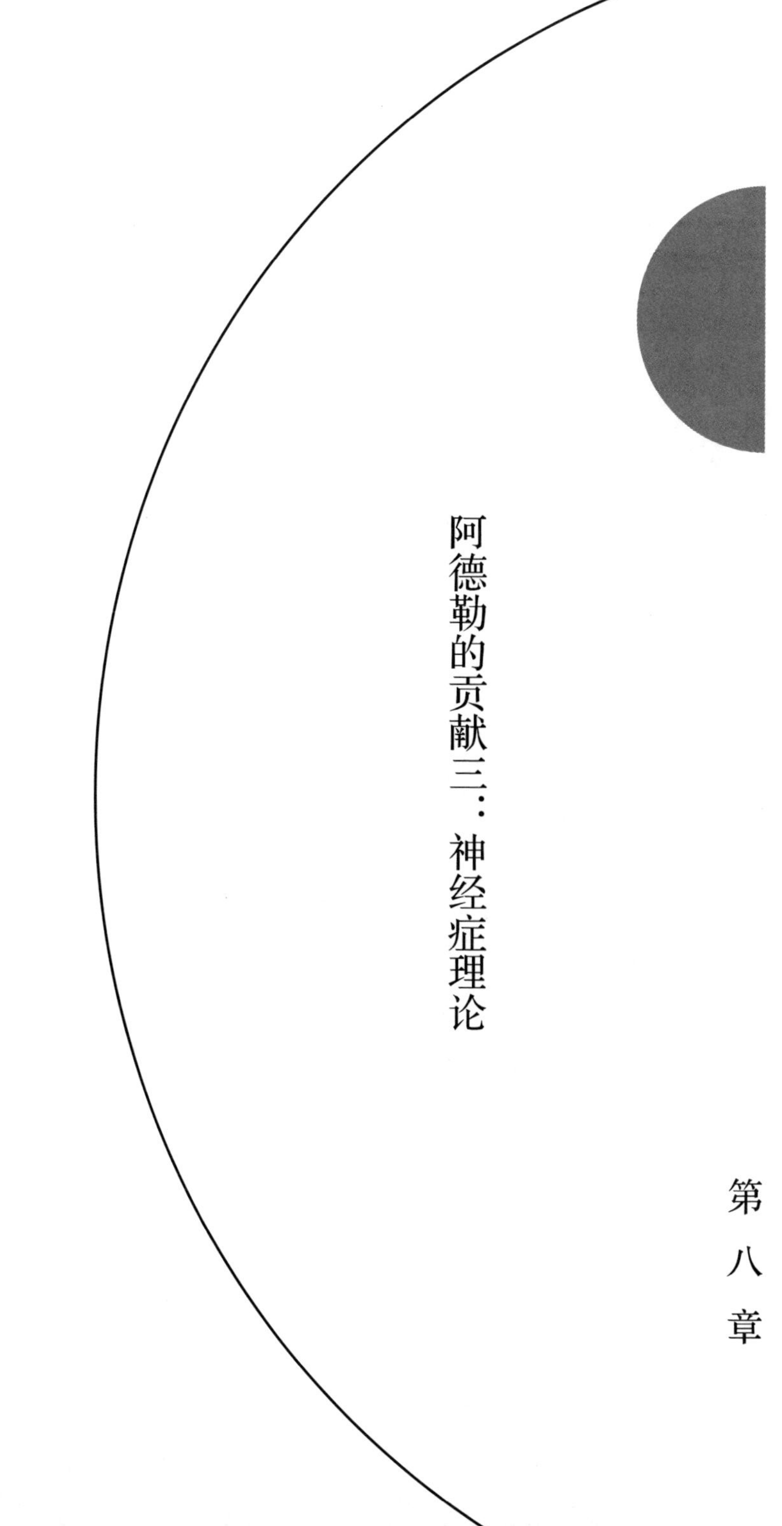

第八章

阿德勒的贡献三：神经症理论

1911年，与弗洛伊德分道扬镳后，阿德勒重新整合了他的神经症理论。这次整合主要是回归他以前的两种概念，即社会发病机制和器官缺陷的作用。虽然阿德勒拒绝接受弗洛伊德的大多数理论，但他主要保留了儿童早期生活环境的重要性这一观念，并将之与自己的攻击性驱力概念以及“心理雌雄同体”概念相结合。汉斯·费英格的《“仿佛”哲学》一书的面世像是一场及时雨，为他提供了全新的概念框架。

1912年，阿德勒的《神经症性格》[①]一书问世，他在书里引用了塞涅卡的格言“一切都取决于人们怎么想”，暗指汉斯·费英格的“虚构”概念。全书分为两部分，理论部分和实际部分，不过，这两部分的划分并不像作者声称的那么明显，而且，全面理解阿德勒思想的含义真的没那么容易。

---

① Alfred Adler, *Ueber den Nervösen Charakter: Grundzüge einer vergleichenden Individual-Psychologie und Psychotherapie*（Wiesbaden: Bergmann, 1912）. Eng. trans., *The Neurotic Constitution*（New York: Moffat, Yard, 1917）.

阿德勒最基本的概念就是“个性”，这个词表示的是人类的独特性和不可分性。对这一概念最好的诠释是魏尔肖的一段话：“个体指的是一个统一的整体，其中的所有部分为一个共同的目标协同行动。”由此可见，个体的每个独立的心理特征都反映了其完整的人格。

人们都在时间维度上观察个体。在任何时间点位，任何迹象都会在过去、现在、未来留下印记。精神生活具有未来导向性，以及目的性，也即倾向于某个目标。目标并非一直不变的，而是可以随时修正的。

这正是阿德勒运用汉斯·费英格的“虚构”概念的精妙之处。所有事情的运行“仿佛”为人类活动设定了一个理想的行为规范，阿德勒将此种行为规范称为绝对真理，或社会生活的绝对逻辑。这等于是与社会甚至宇宙的所有要求保持完美的一致。阿德勒将畸形称为某位个体在一定程度上偏离虚构的行为规范。神经症被看作此种偏离的各种变形。

阿德勒对神经症的探源是从研究器官缺陷时的一些感触生发出来的。说到这里，我们就得提到他1907年的作品《器官缺陷之研究》。除了纯粹的生理补偿，器官缺陷还会触发一套复杂的自我肯定的心理进程，而且这终将成为永恒的心理成长因素。正如关于器官缺陷的书所描述的，这一心理进程中隐含着对想象中的有缺陷的器官功能的不断观察和训练。不过，对这些早已描述清楚的现象，阿德勒又做出了补充。他认为，一些社会因素同样会带来各种自卑感。这些因素包括兄弟姐妹间小时候的竞争、在兄弟姐妹排行中的位次等。一旦出现器官缺陷，心理反应就会成为主要因素。

无论神经症的种类如何繁多，它们都有个共同点，即训练过程。这源自患者对自身和自己与他人的关系不断增强的注意、兴奋阈值的降低，以及预见某些事件的能力的强化。这些都是患者从主观上竭尽全力去超越他人和避免遭到他人碾压的尝试。另外，神经症患者喜欢求助于辅助手段，例如让人望其项背的先驱人物，以及神经质的生活技巧。随着时间的推移，各种各样的手段自身都成了追求的终极目的。

神经症患者生活在虚构的世界里，那个世界构建在一组组对立的观念上。最主要的对立观念是根深蒂固的自卑感和唯我独尊的个体情愫。类似的对立观念还有“高”与“低”、“男性气质”与“女性气质”、“胜利”与“失败”。“高-低”对立在常人的幻想、梦境、言谈里扮演重要角色。这对神经症患者来说，则愈发重要，因为他们将优势观念视为“高”，将自卑观念视为“低”。说到胜利和失败，情况亦如此。对神经症患者来说，多么微小的成功和挫折都是极为重要的。《神经症性格》对“男性气质–女性气质”这组对立关系进行了详细阐释。阿德勒似乎不再像从前那样将“雌雄间性”的生理标志看得尤为重要。对他来说，真正重要的是对患者的长期主观印象，因为社会观念认为，女性弱于男性，“男性抗议”既可能在男性身上发展，亦可能在女性身上发展。在女性身上，男性世界强加给女性的角色引起“男性抗议”几乎就是正常反应。在男性身上，对自己性别角色的各种怀疑，或唯恐自己没有能力达标，其结果就是“男性抗议”。同时，“男性抗议”会加深男性对女性的各种偏见。在这一基础上，阿德勒描述了发生在男人和女人身上的各种形式的神经症。在这个方面，他的各种想法也与弗洛伊德的想法大相径庭。例如，阿德勒不仅没有将“力比多”当作神经症和性欲错乱的根源，还强调了性行为的象征性特点。

与弗洛伊德不同，阿德勒强调神经症的社会因素及其社会缺陷。比方说，某些神经症患者躲避社会，方法是将社会活动的范围限制在家族内，有时候更喜欢将其限制在父母家，而非自己家。

正如汉斯·费英格描述的那样，阿德勒将神经症的进展比作各种虚构的进化。某些科学家提出一种虚构的理论模型，因为他们不相信现实中有这样的存在。这一虚构的模型随后被误以为是一种假设，这一假设随后又转换成了教条。神经症患者以同样的方式对待各种幻想，随后对它们信以为真。阿德勒将这一过程称作实体化。一旦被实体化的虚构事物必须面对现实，就会出现危险局面。无论神经症有多少种类，这种包含虚构、实体化、冒险面对现实等阶段的普遍的进化形式确实存在。弗洛伊德坚持神经症的传统分类法（分为癔症、恐惧症、强迫症）；阿德勒则摈弃此种分类法，他甚至将性倒错归入神经症。

《神经症性格》一书欠缺独创的风格和构思，不过，这本书的思想理念和临床实例丰富多彩。阿德勒从横跨众多领域的作家的作品里引经据典，包括内科医生、儿科医生、大学精神病学家（例如克雷佩林、韦尼克）、最新学派的几位代表人物（例如让内、布鲁勒、弗洛伊德），以及其他许多精神分析学家。书中提及最多的哲学家包括尼采、费英格，文学家包括歌德、席勒、莎士比亚、托尔斯泰、陀思妥耶夫斯基、果戈理、易卜生。

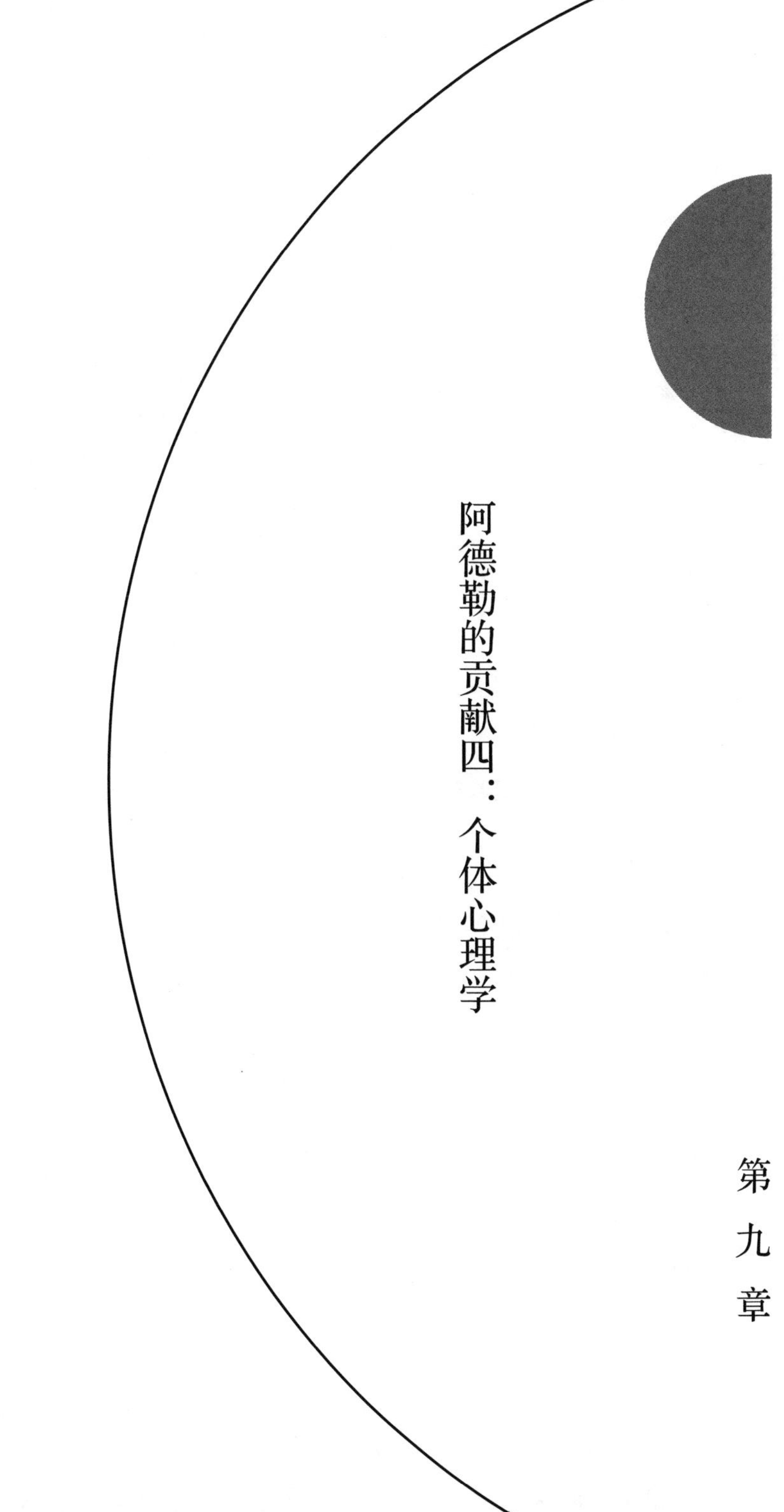

第九章

阿德勒的贡献四：个体心理学

第一次世界大战后，阿尔弗雷德·阿德勒重新思考并重新阐释了他的心理体系。在他从前的神经症理论中，“社群感”是个模糊的概念，如今他用这个词为这一概念下了定义，还将其提到了重要位置。1927年，他在几本书里对新体系进行了最清晰和最系统的阐释，例如《认识人性》[①]。本章将以这本书为基础，对个体心理学进行一次全面梳理，偶尔以他那一时期撰写的其他作品做些补充。

阿德勒的个体心理学既不属于传统学院派心理学，也不属于实用心理学，而且明显有别于弗洛伊德的精神分析学。采用学院派、实用派、弗洛伊德的心理学作为尺度来评估阿德勒的体系，这对阿德勒来说是不公平的。“认识人性”一词清楚地表明了阿德勒的个体心理学所属的特定心理学思潮。这类务实的心理学有时候被称作实体心理学，它并不试

---

① Alfred Adler, *Menschenkenntnis*（Leipzig: Hirzel, 1927）, Eng. trans. *Understanding Human Nature*（New York: Greenberg, 1927）.

图深入事物内部，而是提供一些原则和方法，让人们能掌握了解自己和了解他人的实用知识。这也是康德在《实用主义观点的人类学》[①]一书里试图表达的想法。顺便说一下，康德在此书的序言里两次使用了“认识人类”这个术语，还使用了一次“认识人性”，后来阿德勒几乎将这一术语看作个体心理学的同义词。亨利・列菲弗尔曾指出，人们可以用马克思主义理论推导出全面认识人类及其日常生活的实用知识体系。[②]另一种实用心理学体系甚至可以更加容易地从尼采的一些著作中提取出来。[③]

不过，阿德勒的“认识人性”远比康德、马克思，或尼采等人的更系统化，也更有包容性。阿德勒体系的起点可以表示为：“精神生活里发生的一切仿佛……某些基本准则是真的。”这些基本准则都是什么呢?

第一是“统一原则”（principle of unity），即每个人都是一个整体，无论就身心关系而言，还是就大脑数不胜数的活动和功能而言，都是不可分割的。

---

① Immanuel Kant, *Anthropologie in Pragmatischer Hinsicht*（1798）, in Kants Werke（Berlin: Georg, Reimer, 1971）, VII, 117–333.

② Henri Lefebvre, *Critique de la vie quotidienne*, Introduction（Paris: Bernard Grasset, 1947）.

③ Ludwig Klages, *Die psychologischen Errungenschaften Nietzsches*（Leipzig: A. Barthes, 1926）. Chap. 5, pp. 272–278.

基于此，阿德勒的个体心理学有别于弗洛伊德强调的人类有意识和无意识的自我、本我、超我之间的基本矛盾和各种冲突。

第二是“动力原则”（principle of dynamism），即没有运动的生命是无法想象的。

但弗洛伊德更加注重原因，阿德勒则强调心灵过程的目标和意图（他将其称为“竭尽全力奔向目标”）。阿德勒指出：“当一切都由一个浮现在自己面前的目标定义、设定、限制、引领之时，人才会思索、感知、产生意图，乃至做梦。”这必然意味着选择的自由——在这个范围内，人是自由的，他可以选择一个目标，或换个目标。不过，一旦完成这一步，他就会在此基础上下定决心遵守自己设定的规则。

亚历山大·诺伊尔认为，个体心理学的基础在于，人们总是认为自己处在自卑情境中，究竟是克服它还是放任它，完全是个人的事。[①]如果选择克服它，那么仅靠洞察力是不够的，人们必须有所行动；而付诸行动，就需要勇气。（恰如本书此前讲述的趣闻：一个在数学方面一败涂地的孩子，某天成了班里唯一能解答一道难题的学生，他鼓起勇气，

---

① Alexander Neuer, *Mut und Entmutigung. Die Prinzipien der Psychologie Alfred Adlers*（Munich: Bergmann, 1926）, p. 12.

走向黑板，将演算过程写了出来。）因此，一次具备勇气的举动，在某人有意识地改变生活目标后，同样会改变其生活方式。根据诺伊尔的说法，阿德勒将“勇气”（Mut）定义为一种更高层次的心灵能量，也将其称作“血气”（thymos），在古希腊语中，这个词代表“灵魂的核心”。将“血气”传授给孩子是教育工作者最该做的事，无论精神治疗师面对的患者是孩子还是成人，最该做的亦如此。

第三是“宇宙影响原则”（principle of cosmic influence），即不能想当然地以为个体独立于宇宙而存在，因为宇宙对个体的影响存在于方方面面。

不过，除了这些广泛的影响，每位个体都会用自己特有的方式观察宇宙。“社群感”是宇宙普遍相互依存的一种反映，它存在于人类体内——人类无法将其完全抽离；它还赋予人类深入感知的能力，也即与其他个体共情的能力。最重要的是，“社群感”是自愿接受与人类群体各种自然的、正当的需求共生共存。

在此，消除一些误解或许称不上多此一举。“社群感”与单纯跟他人交往没有任何关系，远比忠于某一群体或某一事业更深刻。我们也不能将其与某个人放弃把自己的人格交由社群掌控混为一谈。阿德勒学派的社群概念包括各种家族纽带和社会纽带结构、创意活动（正是社群创造了逻辑、语言、谚语、民俗，等等）、道德功能（公平恰恰是社群的产物）。因此，“社群感”是个体对管理与他人之间关系的那些原则的领悟。

“社群感”或多或少是根据不同个体的意愿发展起来的。有时候，它仅限于原生家族或原生群组以内，不过，它也可以扩展到整个国家、全人类，甚至超越人类范畴，延伸到一些动物、植物、无生命的物体，乃至整个宇宙。

第四是“整体中的各部位自然构成原则”（principle of spontaneous structuration of the parts in a whole），即大脑的所有部位自然组合，并根据个体自定的目标实现自我平衡。各种感觉、认知、想象、记忆、幻想、梦境——所有东西都朝着个体的目标聚拢。同理，纵观整个人类历史，人们可以看到，这种自然构成出现在劳动分工形式里。对个体以及人类而言，这种自然构成体现的是调整个人自定规矩的原则。

第五是“个体与其生存环境之间的活动及其反应原则”（principle of action and reaction between the individual and his environment）。个体必须适应甚至不断地反复适应其生存环境。一旦个体处在弱势地位，他自然会尝试直接或间接克服这一点。对个体甚至对人类物种而言，这是真的。像马克思一样，阿德勒认为，人类改变生存环境的能力是其最突出的特点。说到这里，恰如流体力学原理，每一种作用力都会带来反作用力。对于个体在社会群体里的作用力来说尤其如此。“没人会在人类社会中锋芒毕露，一旦有人显现出碾压他人之势，则会立刻唤醒阻止其扩张的各种势力。”

其结果是，阿德勒的心理学本质上是人际关系动力学。该学说从不考虑处于孤立和静止状态的个体，而是会观察其各种举止以及对环境的各种反应，进而对其加以考虑。

第六是“绝对真理法则”（law of absolute truth），即为个体的行为举止设定的虚拟规范，包括在社会的各种要求以及个体的各种要求之间实现最佳平衡——换句话说，在“社群感”和正当的自我肯定之间实现最佳平衡。符合那一典范的个体就代表绝对真理，这意味着该个体的行为举止符合社会生活逻辑，也可以说符合游戏规则。不幸、失败、神经症、精神病、变态行为、犯罪行为的发生让偏离这一基本规则的程度有了计量标准。

根据上述内容，我们有可能推导出一种逻辑关系，并据此为一些关系下定义。这些关系有：人类与自然的关系、人类社会群组之间的关系、个体与社会的关系、小群组内个体之间的关系、个体与个体的关系。

阿德勒几乎从未提及人类与自然之间的辩证法。这是因为，在高级动物里，人类是最脆弱的，人类逐渐生成了一种具有预见能力的精神器官，还想象出了劳动分工。由此，人类能够超额补偿自己与生俱来的弱势，征服大自然。阿德勒本可以深入探讨人类对大自然造成的破坏及其给人类带来的各种灾难性反噬；不过，在这一方向上，他从未进行过任何论证。

马克思和恩格斯曾经用阶级斗争理论对“社会群组相互之间的关系”的辩证法展开过大量论述。阿德勒本可以就这一题目大做文章，不过，出于某种原因，他似乎一直刻意回避这么做。然而，在阐释嫉妒感时，他将其说成是社会不公正引发的自然结果，认为它与攻击性驱力导致的病态嫉妒完全不同。不过，社会学和生物学有一点是相通的，阿德勒在其上耗费了大量精力，这一点就是男人和女人各自的角色。男女双方生理上的差异不意味着他们在心理上和社会角色上一定会有区别。人类的所有公共习俗和个人习俗被认为建立在男性优于女性这一偏见之上。跟巴霍芬和倍倍尔一样，阿德勒认为，男人优于女人这种看法是对远古时期母权制的历史性反弹。通过教育，以及活灵活现的、往往是无意识的言传身教，这种看法在男孩和女孩身上得以延续和加强。这是神经症的主要根源之一，也是“男性抗议”现象的主要根源之一，在《神经症性格》一书里，阿德勒对此进行了详细描述。

阿德勒在其他一些作品里也谈到了人类群组之间各种相互关系的一些逻辑。读者应当还记得，1918—1919年，他试图解释战争现象，认为战争都是当权者不负责任的犯罪态度，以及民众认识到自己上当受骗却无能为力导致的。因此我们可以这样认为：战争是少数争权夺利的人出于自己的私利挑起的集体精神错乱的形式之一。[①]然而，阿德勒并不认为竭尽全力争抢个人权力是战争的主要动力，战争是错误地引领理想导致的，而引领理想可以用“社群感”替换，所以，防止战争最重要的手段之一是教育。[②]

“个体与社会的相互关系”的逻辑在阿德勒的《认识人性》一书及其他文字作品里占了很大篇幅。对年幼的个体而言，“社群感”与追求自我扩张的动力之间的平衡会被打破。对于这种不平衡，阿德勒是如何解释的呢？他用自卑感

---

① Alfred Adler, Zur Massenpsychologie. *Internationale Zeitschrift für Individualpsychologie*, XII（1934）, 133-141.

② Alfred Adler, Psychologie der Macht. Franz Kobler, *Gewalt und Gewaltlosigkeit. Handbuch des aktiven Pazifismus*（Zurich: Rotapfel-Verlag, 1928）, pp. 41-46.

来解释——人在非常年幼时就会有自卑感。

说到这里，对“自卑感”这个术语做一番词义解析应该是必要的。阿德勒提到的“自卑感”，实际上包含了两种意义。一种含义是指先天因素造成的自卑，例如孩子在与成人做比较时由于身形小而产生的自卑，或者由疾病引起的事实上的自卑。不过，个体心理学家在使用这一术语时主要考虑的是其价值判断。这种含义隐藏在德文Minderwertigkeitsgefühle里——这个词包含两个词根，一个是“minder”，意思是“较小”；另一个是“Wert”，意思是“价值”。因此，这个术语又指某位个体对自己做出“价值较小”的判断。这种意义上的误解后来由保罗·哈柏林做出了指正。[①]不过，1926年，亚历山大·诺伊尔对“各种自卑感位次”和“各种自卑感”做了区分，并指出，前者数量和种类繁多，后者是前者所导致的。从某种程度上说，在鼓起勇气克服这两者前，情况会一直如此。[②]对于这种观点，布拉赫菲尔德也做过详尽的解释。[③]晚些时候，阿德勒自己

① Paul Häberlin, *Minderwertigkeitsgefühle*（Zurich: Schweizer Spiegel Verlag, 1936）.

② Alexander Neuer, *Mut und Entmutigung. Die Prinzipien der Psychologie Alfred Adlers*（Munich: Bergmann, 1926）, pp. 13–14.

③ F. Oliver Brachfeld, *Les sentiments d'infériorité*（Geneva: Mont-Blanc, 1945）.

也对自然的自卑感和主观的自卑情结进行了区分。[①]

阿德勒对造成自卑感的数种原因进行了区分。早在1907年出版的专著里，阿德勒就对数种器官缺陷进行了详述；不过，后来他更加强调个体对自身器官缺陷的反应，而非自卑本身。他经常提及的另一个原因是各种教育问题，例如对孩子要求过多、过分强调孩子的弱点、让孩子成为发泄情绪的玩物、让孩子明白自己是个负担、嘲笑孩子、对孩子撒谎。另外还有一些社会原因，例如因为经济和社会地位低下，在贫困家庭的孩子们当中产生的问题。

无论是出于什么原因，自卑感都会沿着两条不同的路线发展，这一点在孩子年幼时即可看出来。两条路虽然不同，但是都通向优越。

在第一条路的情况下，个体会直接寻求超越他人；个体会被直接指引向目标及其各种心理功能，以及性格。个体会展现出雄心、傲慢、嫉妒、仇恨。尼采说过，追求权力的意志是“优越情结”的表现形式之一。正如尼采曾经表明的，这些攻击性情绪会有多种面具。

① Alfred Adler, Der Komplexzwang als Teil der Persönlickheit und Neurose. *Internationale Zeitschrift für Individualpsychologie*, XIII（1935）, 1–6.

在第二条路的情况下，个体会试着通过间接的方式达成优越这一目的，还会躲到一些遮羞布后边，比方说软弱、害羞、焦虑，或者小家庭和小社会圈子。这种情况下的个体至少会把自己的坏脾气和控制欲施加到其他少数人头上。也正是如此，种类繁多的行为方式变化无穷。

阿德勒坚信，按照一般规律，个体会选择上述第一条直接的路径；而只有在遇到失败时，个体才会寻求第二条路径。这迟早会发生，而且通常会发生在孩子们岁数非常小时。然而，在任何情况下，自我设定的目标和达成目标的能力之间的落差都注定会引领个体走向失败。在很长一段时期内，个体会利用保持距离来避免失败。[①]在理应接近目标时，个体往往会突然后撤，还会在接近目标时短暂停下来，采取一种摇摆不定的姿态，或者狡猾地搭建一些人造障碍，以阻止成功。一旦精明地利用保持距离不足以应付局面，个体的梦想势必会面对严酷的现实；为了避免灭顶之灾，他会求助于阿德勒所说的“事先约定”。这可以是心理压抑、焦虑症、恐惧症、健忘症，或者任何一种神经症；这有时会表现为身体抱恙的形式，或者精神病。“事先约定”的目的是

① Alfred Adler, Das Problem der Distanz; über einen Grundcharakter der Neurose und Psychose. *Zeitschrift für Individual-Psychologie*, I（1914），6–8.

向周边的人们以及个体自身掩盖其（无法实现的）各种雄心壮志未能成功的真相。

根据上述诸多理念，神经症、抑郁症、变态、成瘾、犯罪，甚至还有精神病等诸多形式都不过是个体与社会关系的各种障碍。

“小群组内每位个体之间的各种相互关系”是个体心理学的另一个关注点。个体心理学可以应用到任何自然的或人为的群组情境中。苏黎世的比亚索教授正在把阿德勒学派的一些原则应用到工业心理学和商业心理学调研中。实际上，阿德勒主要关注的是家族群组内的心理学。

在孩子的一生中，最强大的影响来自母亲；将“社群感”种子植入孩子身上的人正是（应当是）母亲；父亲的角色是教育孩子，让孩子自立和有勇气。弗洛伊德声称，“俄狄浦斯期”是人生中正常的、普遍存在的一个阶段；阿德勒却认为，这是在一个娇惯坏了的孩子身上实施不利于身心健康的教育的后果。孩子与父母双方的不同关系不仅仅限于弗洛伊德所阐释的爱与恨，而且父母中任何一方都可以扮演“对手”角色（“一起玩的对手”，也即与自己作对的伙伴，孩子可以借此衡量自己的力量）。这一角色也可由兄弟姐妹中的一员担当，尤其是老大。

根据阿德勒的说法，同一家庭内的多个孩子中的每个孩子的出生和成长都会依据其与兄弟姐妹的关系所处的位置被赋予其特定的前途。从一开始，大哥的位置就比弟弟们强得多。全家人都会让他以为自己更强壮、更聪明、最有责任和担当。这就是老大更看重权威和传统观念且各种观点都偏保守的原因。反过来说，最年幼的孩子总是处在被娇纵并成为家里最胆小的宝贝的险境中。鉴于此，老大往往会子承父业，而最小的那个孩子往往很容易成为艺术家，或者作为过分补偿的结果，他会志存高远，努力拼搏，成为全家人的救星。每个家庭的第二个孩子通常都会两头承压，因而他会努力拼搏，去超越哥哥或姐姐，同时心怀恐惧，担心弟弟或妹妹会取代自己。至于独生子女，他会比多子女家庭中最小的孩子更受娇惯和纵容。父母全神贯注于他的身心健康，可能会导致他变得焦虑和胆小。上述几种情境会根据兄弟姐妹年龄的间隔、同一家庭内男孩女孩的比例，以及兄弟姐妹排序中的位置的改变而改变。如果紧随大哥出生的是个妹妹，那么早晚有一天，大哥会担心注定比他早熟的女孩会远远超越他。可能存在的还有家里有许多个男孩但只有一个女孩的情况，以及有许多个女孩但只有一个男孩的情况（在阿德勒看来，这是一种特别不利的情境）。

阿德勒也论述过“两个个体之间的相互关系”，包括以“社群感”为导向的正常的服从、由于缺乏“社群感”或者由于争权夺利而出现的抗拒，以及盲目的服从——这种服从在遇到犯罪集团时特别有害。阿德勒认为，催眠是一种特殊类型的人际关系，对被催眠对象和催眠师双方来说都是不利的。在阿德勒看来，心理暗示是对某种外来刺激的反应方式；某些个体总是会高估他人的看法，低估自己的看法，另有一些人喜欢认为自己的看法是对的，因而会不明就里地拒绝其他人的建议。阿德勒的一些作品谈到过两个初次见面的人自愿建立直接的人际关系，不过他从未清晰地描述过这种关系。

在各种人际关系中，最大的困难之一是，人们缺乏相互了解。在认识自己和认识他人两个方面，大多数人几乎没有洞察力，更糟糕的是，经验还帮不了他们，因为他们会通过早已扭曲的视角来评估它。此外，人们不喜欢在认识自己的方面接受他人启迪。不过，阿德勒坚信，如果人们对自己的认识更为普遍，各种社会关系就会得到促进。因为，那样一来，人们相互欺骗就没那么容易了。因此，我们需要一种实用的心理诊断技术。

阿德勒的技术从人人都懂的原则入手，这个原则是，大多数个体都在努力地奔向一个隐匿的目标，他们并不知道那一目标是什么。对那一目标的认识，是理解具体的人的人格的关键。换句话说，我们通过严格审视某位个体的行为举止，可推导出那一目标的本质。隐匿的目标决定了个体行为的指导方针以及前景（全方位场景），人们也由此掌握了指向秘密目标的一些线索。个体心理学家在推理时有点儿像为一颗新星确定轨迹的天文学家。后者会确定该新星的一些连续点位，以此为基础重建其运行轨迹和方向。类似地，个体心理学家可以从某位个体的两个尽可能相距遥远的点位开始——一个点位可以是其儿童时期的某段记忆，另一个点位应发生在近期，且必须可以解释该个体的社会行为。当然，心理学家一定还会考虑一些中间点位，而且点位越多，重建的轨迹线也会越准确。个体心理学家使用的资料包括一些早期的记忆，孩子自然参与的那些游戏活动，儿童阶段以及青春期阶段对未来职业的各种期盼，以及各种梦想。

阿德勒认为，从历史角度来看，人生初期的那些记忆无论准确与否，都极具诊断价值，它们反映的是个体的生活目标和生活方式。当然，人们必须将它们与其他一些心理标志结合起来进行全面的审视。

阿德勒认为，梦境表示的是个体生活方式里的某个部分，特别是那些不想让其他人知道的关于自己的某个方面（因为社会控制稽查制度被临时撤销了）。梦境也有前瞻功能，它们就做梦人面临的各种麻烦展现出试探性的解决方案，或者说，是对真正理性解决方案的一种逃避，是一种自欺欺人的做法。[①]

对个体当下的各种态度、人生初期的一些记忆、童年时期的一些活动、青春期的一些希冀和梦想进行研究能够帮助人们揭示个体对事物的看法，即个体对世界明确的、选择性的认识，以及其生活方式。每个人都会用一些独特的方法达到目的，阿德勒将其称为“生活方式”。例如，某人会凭借权势，另一个人会借助“假谦虚”，第三个人会通过与他人的共情，等等。不过，多数情况下，生活方式是将各种方法混在一起的“大杂烩”。在解析个体的生活方式时，与各种言论相比，其各种行动和举止更具启示性。所以，我们应当尽可能直接和快速地查清与我们打交道的那些人追求的秘密目标，看看他们试图如何影响我们。这样，我们就可以看穿他们的面具，避开他们的袭击。在孩子们身上，如此我们就能轻松看出他们在接受教育时遇到的各种隐秘的性格困境，

① Alfred Adler, On the Interpretation of Dreams. *International Journal of Individual Psychology*, II, No. 1（1936）, 3–16.

以及各种障碍。

想要全面评估一种性格，我们还必须考虑其他事实。在很大程度上，每个人对世界的认识都取决于其是视觉型、听觉型，还是运动型的人。后者需要更多的运动。阿德勒越来越看重个体独立于自身的、精神的、身体的能量。因而人们认识到，想要全面评价一个人的个性，就有必要发现此人的各种器官不足、此人早期的人际关系以及家庭状况、此人是否为感官型或运动型、此人与生俱来的身体和精神的能量、此人的各种自由选择，以及此人的胆量。

阿德勒正是借助上述这些方面来看待人生进程和发展的。人在非常幼小时，其个性就展现了出来。根据阿德勒的说法，在婴儿仅有几个月大时，人们就有可能评估其“社群感”的水平；在生命第二年，当孩子用词语表达自我时，人们就可以从这种表达方式来进行推导。随着孩子的成长，他玩耍的方式越来越有特点。阿德勒赞成格鲁斯的说法，即玩耍是孩子为迎接未来自然生发的准备。不过，他还补充说，玩耍也是孩子的创造性活动，或表达“社群感”及争夺权力的方式。童年初期是人类用许多微妙方式熟悉自己所处环境的时期。在这一时期，人们还要熟悉一些观念，例如人们普遍接受的关于男性和女性分别在社会上扮演的角色；并且应当认识到自己的身份。阿德勒认为，孩子对自己未来职业的不断变换的愿望很重要，这类愿望的缺失预示着严重的障碍。成年期是个体必须完成人生三大任务的时期。三大任务为：恋爱和成家、工作、建立各种社会关系。个体完成这三大任务的方式让人们得以评估其适应能力。在看待人生后期衰老过程带来的各种新问题时，人们也必须用这种因果分析方法。

《认识人性》一书也论述了类型学，另外还有一章论述了关于各种感情的问题。虽然阿德勒强调每个人都是独一无二的，但他仍然根据经验进行分类。他将人们分为两大类：攻击性类型，以及非攻击性类型。他认为，攻击性类型不仅包含公开表现的攻击性，还包含伪装表现的攻击性。这种性格学与阿德勒对各种感情的描述密切相关。他把感情分为分离型和联合型两大类。

阿德勒对精神病概念、性变态、犯罪行为的论述散见于同一时期撰写的各种文字作品。

1920年，阿德勒的抑郁症理论出版成书[①]。在患者的抑

① Alfred Adler, *Praxis und Theorie der Individualpsychologie* (Vienna: Bergmann, 1920), pp. 171–182. Eng. trans., *The Practice and Theory of Individual Psychology* (London: Routledge and Kegan Paul, 1925).

郁症发作期间，阿德勒仅专注于其特有的、应对各种生活场景的方式的持续恶化，不再他顾。阿德勒说，抑郁患者长期以来受根深蒂固的自卑感折磨，其典型特征是患者个人应对这种自卑感的方式。从童年早期开始，患者就表现出缺乏驱力和活力，躲避各种困难、决策、职责。患者对他人既不信任又挑剔，将世界看成充满敌意的，将生活看作极为困难的事业，将身边的人看作既冷漠又疏离的。这些患者总是怀揣不为人知的想法，以为自己很优秀，想尽一切办法从他人那里获得各种好处。为达成秘密的目标，患者会接受定义明确的策略，即让自己尽可能变小，变得不那么显眼，将自己限制在狭小的人际圈子里，基本上可以用各种抱怨、泪水、悲情等控制圈子里的人。抑郁症总是会在致命危机的冲击下出现，这种危机包括：在困难局面下需要做出毫不妥协的决策；患者的生存环境变得更为严苛，脱离了他的控制；又或者，患者变得对自己过于挑剔。抑郁症出现后，失眠、进食不足，以及其他一些相似的因素都会破坏患者的生理平衡，进而强化其假想的事物，形成恶性循环。阿德勒说，患病的结果得依据患者的策略是否能赢来判断。如果策略胜利，患者达成秘密目标，疾病就会消退。不过，如果策略失败，患者就会求助于“最终手段”，自杀。这被当成毫无希望的困境里唯一的光荣结局，也是报复生存环境的行为。

根据阿德勒的说法，妄想症是另一种从早期应对各种生活场景的特殊方式发展出来的。[①]如果个体在儿童时期表现出缺少“社群感”，那么他成年后会永远对生活表示不满，也会对他人充满挑剔和敌意，还会悄悄为自己设定一个远大的目标，并以各种本质上好斗的行动去竭尽全力实现目标。在一段时期内，个体会对准那个方向前进，不过等到了某一节点，距预期的目标还有一段间隔之时，个体会迫不得已停下来。为了让自己在他人和自己眼里显得合法合规，个体会求助于两种手法：一是创造一些虚构的障碍，从而在克服它们的斗争中耗尽自己的力量；二是将战斗转移至另一个战场。

阿德勒认为，精神分裂症会影响年纪轻轻就表现出害怕生活的那些个体。在必须面对各种生活任务时，他们会犯病。这种病本身是极度气馁的外在表现。

至于酗酒成瘾，阿德勒及其门生已经指出过许多成因。器官缺陷或许该分担部分责任。[②]摄入酒精可以是抚慰自卑

---

① Georges Verdeaux, *La Paranoia de compensation*（Paris: Le Fran is, 1943）.

② Vera Strasser-Eppelbaum, *Zur Psychologie des Alkoholismus. Ergebnisse experimenteller und individualpsychologischer Untersuchungen*（Munich: Reinhardt, 1914）.

感的一种方式，可以是男性抗议的一种表现，或者可以是强化对他人的敌视姿态的一种方式。醉酒是将自己从社会中割裂出来的一种手段。酒精成瘾是逃避各种生活担当和各种责任的方法。[①]

总体上来说，阿德勒认为，性变态是如下症状的临床表现：不同性别之间不断增加的距离、因不愿担当正常的性别角色而做出反抗、对性伴侣持有反对态度和敌意。[②]

1917年，阿德勒发表了一份长达75页的研究报告[③]，1930年，他发表了一本部头更大的专题论著[④]，两部作品的主题均为同性恋。阿德勒拒绝承认关于同性恋的身体结构理论。他承认，某些同性恋可能会向异性展示一些第二性征。这发生在许多身体完全正常的同性恋身上。这不取决于生物决定论，而取决于患者如何确定自己的性别同一性，以及他

---

① P. Nussbaum, Alkoholismus als individualpsychologisches problem. In Stavros Zurukzoglu, *Die Alkoholfrage in der Schweiz*（Basel: B. Schwabe, 1935）, pp. 603–618.

② 阿德勒为一部医学百科全书撰写了好几篇文章，阐述了他看待正常和非正常性生活的一些观念。参见A. Bethe, ed., *Handbuch der normalen und pathologischen Physiologie*, XIV, No. 1（Berlin: Springer-Verlag, 1926）。

③ Alfred Adler, *Das Problem der Homosexualität*（Munich: Reinhardt, 1917）.

④ Alfred Adler, *Das Problem der Homosexualität, Erotisches Training und erotischer Rückzug*（Leipzig: S. Hirzel, Verlag, 1930）.

想用自己的身体做什么。我们可以从患者对异性的恐惧和敌视中找出原因——与性别不同的那些人相比，性别相同的那些个体之间的心理距离更近。孩子在尚未做好充分的准备以承担自己的社会角色时，就会躲避性别不同的那些人，还会过分强调与自己性别相同的那些人的关系并以此作为补偿。从那往后，每当面临必须与性别不同的成员打交道的局面时，患者都会做出沮丧和逃避的反应。在随后出版的关于同性恋的专著里，阿德勒强调了训练元素的重要性——不存在所谓的轻轻松松就可以让自己相信，早在有记忆前，自己就被性别相同的孩子们所吸引。这种通过自我欺骗而成为性变态和同性恋的事绝非说得那么容易。

在众多了不起的精神医学先驱里，亲自给罪犯们进行过临床治疗的唯有皮埃尔·让内和阿德勒两人，而阿德勒是唯一一个将亲身经历撰写成相关主题文字作品①的人。阿德勒发现，犯罪，以及神经症、精神病、性变态等的根源是缺乏社交兴趣。不过罪犯与另外一些人的不同在于，他不满足于接受他人帮助，成为他人的负担，而是会做出反抗的行动，

---

① Alfred Adler, The individual criminal and his cure. *National Committee on Prisons and Prison Labour*（New York: Annual Meeting, 1930）. Phyllis Bottome, *Alfred Adler, Apostle of Freedom*（London: Faber and Faber, 1939）, pp. 228–235.

就好像全世界都在与他作对。失足的孩子容易被分辨出来，因为这样的孩子我行我素、伤人无数。阿德勒将罪犯的起始状态分为三类：第一类为那些被宠坏了的孩子，他们总是习惯于接受，从不给予，而且玩出了自己的花样；第二类是疏于看管的孩子，实际上他们亲身经历了充满敌意的世界；第三类是小众群体，例如那些丑陋的孩子。无论起始状态是什么样的，罪犯们都表现出同样的为获得优势而努力拼搏的架势。阿德勒认为，罪犯本质上始终都是怯懦的，他从不跟对手公平对决；只有在自己处于有利地位时，罪犯才会出手攻击。举例来说，在受害人懈怠或毫无防备时，罪犯会偷袭；当受害人无法保护自己时，罪犯会出手杀人。罪犯的优越感会因为一个事实而得到加强，即在犯罪现场被抓获前，他往往已经作案多次，而且未被发现。一些辅助犯罪的因素包括智力水平低下、缺少职业训练。按照博顿的说法，阿德勒发现，相对于其他各种罪行，入室盗窃的罪犯更容易被治愈，因为这种罪犯的智力水平高于刑事罪犯的平均智力水平，还因为他们是“专家”，对他们来说，找到体面的职业和融入职业环境相对容易些。

与弗洛伊德不同，阿德勒并未深入涉猎艺术、文学、人种学、文化史等领域。他为维也纳社会民主党的报纸撰写的一篇随笔显示，个体心理学也可用于阐释历史事件——这里说的是1789年的法国大革命。

随着城镇化、工业无产阶级的增长，以及对农民们的剥削，法国经济的快速发展将国家带入了一片混乱。一些最能干的人被排除在公共职能部门之外，他们因此感到愤怒。伏尔泰和卢梭两人表达了民众的各种情绪，还帮助制定了一条“革命路线”。最初，人们试图引入各种急需的改革。在这些努力遭到政府阻挠后，一个严峻的时刻到来了。革命的高潮为有影响力的革命家们铺平了道路。

让–保罗·马拉是个贫穷的、食不果腹的、受警方迫害的人。他号召穷人反抗富人。他把自己称作殉难者，而且他的健康状况在不断恶化。他不善言辞，他的策略是撰写煽情的书信和报刊文章，以及接待许多愿意倾听他的各种想法的来访者。他无私、真诚，不过他没意识到，拥护他的群体主要由罪犯构成。

乔治·丹东是个野心满满的人，他年幼时就展现出自己独特的生活方式。还是在校生时，为见证国王加冕礼，他竟然逃学了。法国大革命时期，他能够敏锐地感

> 知即将到来的变化；因此，在各种关键场合，他总会亲临现场。他勇敢、果断，还是个才华横溢的演说家。他的策略是，看起来像是为民众服务，实则是在为自己的个人私利利用民众，同时与富人和有权有势的人保持良好的关系。
>
> 罗伯斯庇尔曾经是“模范学生”。他永远是班里的尖子生，他最显著的特点是自命不凡。面对饥肠辘辘的民众，他画出的“大饼”是抽象的理想“美德”，以及偶像“至高无上的存在”（这是他自己构想出来的）。他的策略是尽一切可能躲在幕后，慢慢地、有条不紊地准备对所有敌人做出致命打击，操纵他们，让他们互相伤害。不过，他缺少灵活性，一旦只剩最后一个敌人，他会突然倒地不起。[①]

人们或许会怀疑：以上分析是不是偏离个体心理学以及阿德勒与那些俄罗斯革命者的私交太远了？

① Alfred Adler, Danton, Marat, Robespierre. Eine Charakterstudie. *Arbeiter-Zeitung*, No. 352（December 25, 1923）, pp. 17–18.

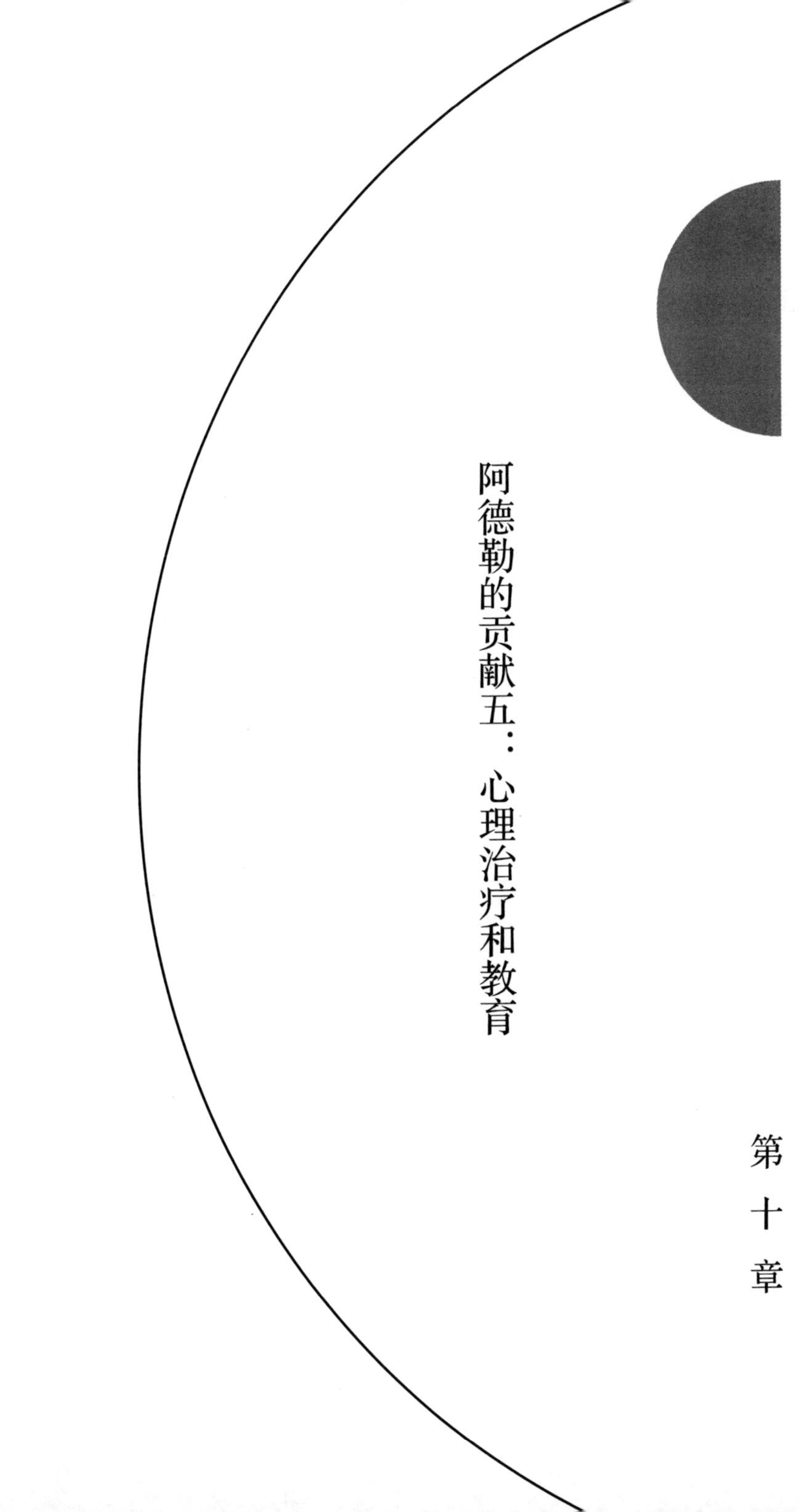

第十章

阿德勒的贡献五：心理治疗和教育

对于阿德勒是从什么时候开始研究和实施心理疗法的，如今人们并不十分清楚。也许他在联合诊所工作期间从莫里兹·贝尼迪克特那里学到了一些心理疗法。19世纪最后10年，成为神经科医生是一件很时髦的事。神经科医生的工作内容是为所患疾病既不属于器质性神经学，也不属于医院精神病学的病人进行治疗，这样的病人非常多。由于这一新的医学分支当年没有系统性的学说，在这一领域进行实际操作的医生们只好依据经验小心翼翼地各自为政。他们的方法似乎从未流传下来。成为执业医生的那些年，阿德勒治疗的神经系统疾病患者的数量一直在增加。在为患者们治疗时，他究竟用的是自己的一套方法，还是从贝尼迪克特那里学到的一套方法，或是后来从弗洛伊德和精神分析小组那里学来的一套方法？他对这种方法的应用达到了什么程度？这些问题都有待考证。从阿德勒的一些作品里，人们可以清楚地看出，在与弗洛伊德合作期间，他积极参与了神经症的治疗。

《神经症性格》一书显然是只有具备多年精神治疗经验且完全掌握这项技术的人才能写出的作品。

不幸的是，与弗洛伊德不一样，阿德勒从未详细论述过他的精神治疗技术。提及他的技术的各种文献散见于他撰写的作品以及他的一些门生撰写的作品里。①

阿德勒和弗洛伊德的一个主要区别在于，弗洛伊德开发了一种专门针对成年个体的精神治疗技术。他女儿安娜·弗洛伊德开创性地将其运用于儿童分析技术中；菲斯特和艾希霍恩将其运用到了心理治疗教育技术中；另有一些人将其运用到了团体心理疗法中。阿德勒则创建了一套复杂的涵盖成人、孩子、心理治疗教育等的综合治疗方法。

弗洛伊德和阿德勒在治疗方法方面存在许多非常明显的区别。就弗洛伊德（译者注：原文此处为阿德勒，可能为笔误）而言，患者躺在诊床上，背对坐在椅子上的医生，医生能够看到患者却不在患者的视线之内，这没有任何问题。阿德勒学派的治疗师和患者需要面对面坐下，且阿德勒坚称，两把椅子在高度、样式、大小方面必须相似。与弗洛伊德的精神分析方法相比，阿德勒的诊疗方法在次数上更少，且

① Alfred Adler, Individualpsychologie. In *Handbuch der Neurosenlehre und Psychotherapie*, Frankl, Gebsattel, and Schultz, eds.（Munich: Urban and Schwarzenberg, 1959）, III, 221–268.

治疗时间更短。一般来说，在治疗初期，医患双方每次面对面1小时的机会是每周3次，接下来频次会减少到每周2次，然后变成每周1次。弗洛伊德精神分析的那些僵化的条条框框往往入不了阿德勒学派治疗师的眼——如果他们认为有必要，就会毫无顾忌地当着患者的面（会事先征得患者同意）与其家庭成员或朋友交流。个体心理学家们从不在意免费治疗和付费治疗的结果有何不同；无论出于什么原因，他们都不认为有必要为错过的预约补缴费用。

“个别心理治疗”包括3个长短不一的疗程。在第一个疗程里，就治疗师而言，主要目标是了解患者、了解患者的问题。根据治疗师的经验和心理敏锐度，这一过程可能持续1天到2周，甚至更久。阿德勒以诊断神速闻名。患者会述说自己的生活经历，讲述自己的各种麻烦；治疗师会询问患者早年的记忆、童年初期的各种情境和梦境，以及其他各种典型的个人特征，以便重建患者的生活目标和生活方式。阿德勒最喜欢提的问题之一是：设想一下，如果你没得这种病，你会做什么？患者的答复表明的其实是其希望避开的事。

在第二个疗程里，治疗师必须让患者意识到自己虚构的生活目标和生活方式。当然，将这一点直接告诉患者是没问题的。在与患者讨论生活中的失败或神经质的行为时，治疗师必须逐渐做到这一步。此外，治疗师必须让患者明白，其原来的生活方式和生活目标与生活现实和社会利益法则相矛盾。

患者一旦得到和接受了自己清晰的、客观的形象，也就来到了第三个疗程。在此期间，患者需要自己决定是否要去改变自己的生活目标和生活方式。在患者努力重新调整自己以适应新发现的现实世界时，治疗师必须对其施以援手。这一调整过程可能会持续数月之久。不过，“个别心理治疗”的总时长很少超过1年。另外，弗洛伊德认为，患者享受的能力和工作能力的恢复可被视为治愈的标准；而阿德勒的治愈标准却是完成人生三大主要任务——工作、恋爱和成家、建立社会关系——的能力的恢复。弗洛伊德的精神分析学说将“阻抗”和“移情”两种现象视作基本现象；阿德勒的个体心理学却倾向于认为，那些都是假象。阿德勒将阻抗等同于一种男性抗议的形式，并认为治疗师必须立即向患者指出，阻抗不可取。阿德勒认为，移情是一种必须根除的神经质的愿望。

阿德勒从未发表过能与弗洛伊德的“狼人”和“小汉斯”的案例分析比肩的完整的病例史。不过，我们手头有两份篇幅足够大的关于病例的描述性片段，人们将它们称作

“R小姐”案例[1]、“A夫人”案例[2]。然而，从真正意义上来说，它们不属于病例史。第一份案例是患者自己撰写的篇幅短小的生活经历，第二份案例是医生撰写的对患者的简要描述。每一份都由他人读给阿德勒（他事先不知道两位患者的情况）听，然后他逐句进行点评。这么做是为了表明，为重建我们谈论的对象的生活目标和生活方式，任何一种临床记录都可以如此做注解。

在许多方面，阿德勒的儿童心理治疗技术与他用于成人的心理治疗技术区别明显。其技术会根据儿童本人、儿童的年龄，以及其病症做出调整。阿德勒从来都是与儿童的父母见面后才开始治疗，而且，他至少会在几个疗程的部分时间段中要求父母中的一方或其他照顾者在场。

作为心理治疗师，阿德勒治疗个体患者的心理疗法仅仅展现出他全部心理治疗活动的一个侧面。通过他构想和组建的位于维也纳的许多心理治疗教育机构，他的心理治疗活动

---

① Alfred Adler, Die Technik der Individualpsychologie. *Die Kunst eine Lebens-und Krankengeschichte zu lesen*（Munich: Bergmann, 1928）, Vol. I. Eng. trans., *The Case of Miss R.; The Interpretation of a Life Story*（New York: Greenberg, 1929）.

② Alfred Adler, The case of Mrs. A.. *Individual Psychology Pamphlets*, Vol. I（1931）.

的其他方面也得到了展示。[①]

1920年，阿德勒认为，心理治疗教育应当重点面向老师而非家庭展开，因而他创建了一些教师咨询机构。教师们会定期与阿德勒或他的合伙人见面，一起讨论关于他们所教班级里那些问题孩子的各种麻烦。借助个体心理学，老师们明白了这些麻烦的起因。咨询现场还需要家长们的参与——这很快变得显而易见。每周两次的免费咨询会在学校的一间教室里举办。咨询开始前，问题孩子的老师会事先准备一套材料，阿德勒或他的代理人总会先跟孩子的母亲交流，然后跟孩子交流，最后才跟老师交流。现场总会有其他几位老师参与，阿德勒至少还会带一位合伙人全程参与并做好记录。阿德勒强调数位老师和教育工作者在场的价值——不仅是为了让其他老师和心理学家可以从中学习他的一些方法，也是为了向孩子传递一种感觉，让孩子知道他受到一群真正对他有兴趣、为他好的人的关怀。这是早期的一种范例，后来人们将其称为“会诊”疗法。阿德勒不依赖心理测验。为教会

---

① 关于这些机构，阿德勒本人在文字作品里极少提及。据我们所知，对这些机构最全面的描述来自甘茨的作品。参见*La Psychologie d'Alfred Adler et le développement de l'enfant*（Neuchâtel: Delachaux et Niestlé, n.d.）. Eng. trans., *The Psychology of Alfred Adler and the Development of the Child*（London: Routledge and Kegan Paul, 1953）。

孩子适应各种困难环境，阿德勒的原则之一是在家庭中治疗孩子。只有当碰上那些极端病例时，孩子才会被召唤到医疗机构。有些孩子会被送进一个被称为“花房”的临时托管机构，孩子放学后可以在里边做作业和玩耍。

阿德勒从不强迫他人接受其各种服务，而是等候新学校上门邀请，然后才开始做事。根据玛德莱娜·甘茨的说法，1929年，阿德勒已经在26所学校开展了工作。维也纳成了世界上第一座根据需要向所有在校少年儿童提供免费教育心理治疗的城市。

经验让阿德勒明白，教育心理治疗开始得越早，效果越好。这引领他创办了一些采用个体心理学原则管理的幼儿园，其目的是让年龄特别小的孩子变得独立和听话。1932年，玛德莱娜·甘茨走访了其中一个幼儿园，她发现，与实施“蒙台梭利教育法”的幼儿园相比，这种幼儿园里的孩子好像受管束更少，他们可以分成若干小组活动或独自活动，只受到一项约束，即必须完成每一项自选任务。“社群感”不仅在节律操课上得到提倡，也在老师主导的1小时谈话课上得到提倡。孩子们会在10点钟围坐在一张普通的桌子旁边吃自己从家带来的零食，并且可以自由地交换和分享彼此的食物。

阿德勒的另一项教育成就是，经过10年铺垫，以及与学校管理部门的反复谈判，实验学校终于在1931年9月开学了。学校由阿德勒手下最有经验的3位追随者运作，他们是：奥斯卡·斯皮尔、伯恩鲍姆、沙尔默。他们的任务不简单，因为学校董事会做出了规定，学校的课程和各种基本规矩必须与维也纳其他普通中学完全一致。学校位于维也纳较为贫穷的城区之一，每个班级有30～40个孩子。当时，“大萧条”已经开始，许多家长失业，因而学生们经常营养不良。尽管困难重重，谈到那些尽心尽力的教育工作者和他们取得的那些了不起的成就，玛德莱娜·甘茨表示由衷的钦敬。每个班级分为若干工作小组，每组由5～7名学生组成；每个班有一个班长，班长与排名第一和第二的学生长期保持联络。整个班级的“社群精神”通过“谈话小组”得以维护，全班学生每周参与一次谈话活动，而且可以在活动中分享学校之外的经历。互相帮助得到了系统的提倡。例如，数学好的学生会与这方面不足的学生成为同桌，以便为其提供帮助。教师们会与需要面谈的学生们单独会面，教师们和家长们每个月还会有一次例会（无论如何，这在当时还不是惯例）。

1934年，奥地利社会民主党放弃最后的大本营“红色维也纳”后，上述组织全都解散了。不过，阿德勒的各种理念都保存了下来，在他的众位门生的各种创新里，他的想法随处可见。约书亚·比勒博士是阿德勒亲自训练和指导的，后来他移民去了英国。他声称，任何想冠名为“社会”的精神医学，都必须将整个社会囊括进来。1938—1939年，比勒[①]在伦威尔医院为那些重症患者和住院病人创建了第一个独立的社会治疗俱乐部；1939年，他在伦敦东汉姆区和索森德为那些出院患者以及门诊病人创建了第一批俱乐部；1946年，他创建了社会心理治疗中心（如今的名称为日间医院[②]）。团体心理疗法和社区精神病学显然是阿德勒思想和作品的产物。

① 感谢约书亚·比勒博士热心地提供了相关信息。

② 1946年，在加拿大蒙特利尔，卡麦隆医生也开设了一家日间医院，不过在原则上有所不同。

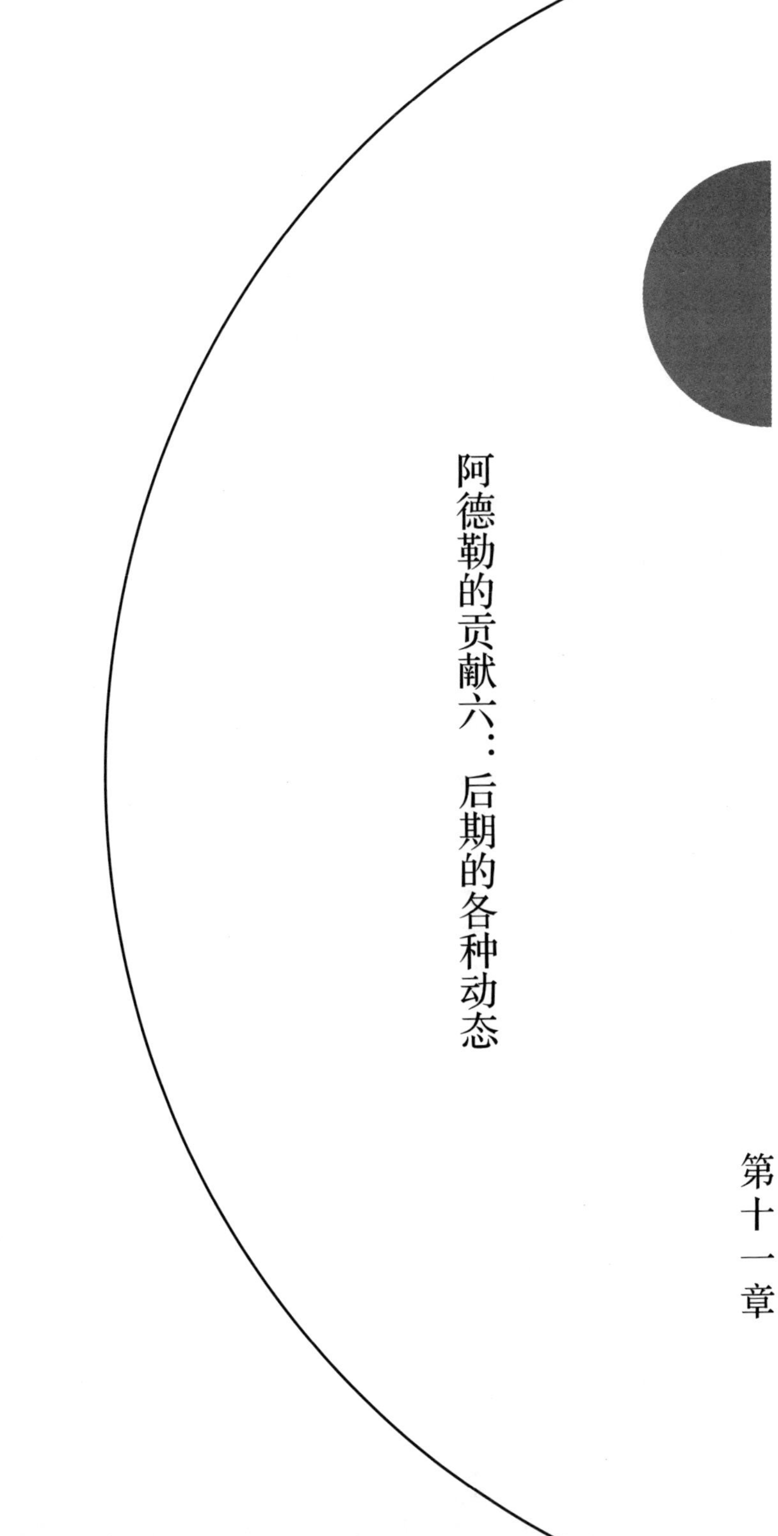

第十一章

阿德勒的贡献六：后期的各种动态

1927年，《认识人性》一书问世后，阿德勒曾经对自己的学说进行过最系统的说明。几年之后，尤其是1933年以后，他又进行了某些修正。有些是为了适应各种新的心理学概念，另一些则越来越强调他的各种想法的哲学含义。在《生命的意义》[①]一书里，以及他后来发表的许多文章里，这些变化显而易见。[②]

在后来发表的那些文章里，阿德勒越来越看重个体创造力和"活动水平"的重要性。这一时期，他认为，在建立生活计划或生活方式方面，创造力是基础元素。因而，人们不能再认为后者不过是童年早期各种生活情境的反映。随后，人们会在神经症患者身上发现与形成神经症相同的力量。在

---

① Alfred Adler, *Der Sinn des Lebens*（Vienna: Passer, 1933）. Eng. trans.. *Social Interest: A Challenge to Mankind*（London: Faber and Faber, 1938）.

② 这里提到的后期的大部分文字作品都收录在海因茨和安斯巴克编辑的著作中。参见*Superiority and Social Interest*（Evanston: Northwestern University, 1964）。

阿德勒后来的一些学说里，一个重要创新是问题孩子们身上的“活动水平”概念。“活动水平”的不同可决定随后出现在成人身上的精神病理学结果的不同，还有与之对应的教育措施的不同。还有一个创新是，他越来越强调竭尽全力争取优势，在他看来，这是正常且必要的。竭尽全力超越他人不再被看作“社群感”的对立面。社群感是标准的理想境界，为竭尽全力争取优势指明了方向。阿德勒曾经认为自卑感是首要的（以竭尽全力争取优势作为补偿）。如今正相反，他认为，自卑感排在竭尽全力争取优势之后。如今“社群感”的对立面是“个人智慧”。

在描述神经症和青少年犯罪方面，如今阿德勒使用了一些新词。神经症患者和青少年罪犯根据他们的个人智慧行事，而非根据社会生活的逻辑行事，他们将自己的活动都用在了生活中毫无用处的方面。对所有脱离社会理想的人来说，“场域限制”的出现是必然的。例如，同性恋将自己与异性隔开，也就是说，与人类的半数隔开。对惯犯来说，限制来得更明显。神经症患者和罪犯的区别是，前者尚未丢弃“社群感”，其回答社会要求时会说“好吧，不过……”；而罪犯的回答是“不行”。阿德勒晚期发表的论文之一涉及死亡问题，他认为，智力健全的人不会让死亡的想法损害

“积极地适应生活中的各种问题”。另外，神经症患者会依据其生活方式产生各种各样的强迫性死亡愿望或对死亡的恐惧。[①]

在数种类型学体系之间做抉择时，阿德勒似乎犯了难。后来他提出了其他几种体系，好在它们之间并不相互排斥。起初，他区分出四类个体：（1）遵守“社群感”的规矩的人；（2）直接攻击的人；（3）间接攻击的人；（4）变成瘾君子或神经病的人。后来他又强调了运动型和感觉型的区别。运动型对活动有需求。感觉型包括视觉型，还有听觉型。阿德勒甚至还谈到了“味觉型”，他把某些嗜酒的人归为这一类。在《生命的意义》一书里，阿德勒将人们分为三类：（1）理智型（强迫性神经症患者和大多数精神病患者属于这一类）；（2）感情型（绝大多数神经病患者和酒鬼属于这一类）；（3）活动型（罪犯和自杀的人属于这一类）。不过，阿德勒并不十分看重这些类型划分。如同他之前的浪漫主义者们以及他之后的存在主义者们所做的那样，在后来的一些文字作品里，他强调了每位个体的独特性。

阿德勒的治疗技术似乎始终没有太大变化。说到诊断，

---

① Alfred Adler, Das Todesproblem in der Neurose. *Internationale Zeitschrift für Individualpsychologie*, XIV（1936）, 1–6.

阿德勒认为，基于第一眼看到的情况，然后反复核查——通过这样的训练，每个人都能获得一猜即中的能力。在揭穿患者各种神经过敏的假想过程中，治疗师必须试着引领对方落入“陷阱”。顺便说一句，这是当年苏格拉底与诡辩家们辩论时用过的古老的辩证法。[①]

随着岁月的流逝，阿德勒的体系变得越来越具有哲学色彩。自卑感不仅不再是神经症的征兆，还变成了人类的最基本特征之一。在《生命的意义》一书里，阿德勒道出了他经常被引用的一句话：“生而为人，便要受自卑感的折磨，并被自卑感驱使着去努力克服它。”[②]阿德勒还强调了人从自卑状态转向优越状态的倾向。这一过程类似于驱动整个充满生机的大自然从第一个活体细胞发展到人类，再到如今的大千世界的过程，这也是努力拼搏以挑战和征服死亡本身的过程。人们从中可以看出，这一概念与莱布尼茨和柏格森的一些概念有许多相似之处。

阿德勒对宗教曾经持有一种仇视的态度——至少可以说充满了冷漠。在这个方面，他同样表现出明显的转变。通过

① Alfred Adler. Case interpretation. *Individual Psychology Bulletin*, Ⅱ（1941）, 1–9. Reprinted in H. and R. Ansbacher, eds. *Superiority and Social Interest*, pp. 143–158.

② Menschsein heisst, ein Minderwertigkeitsgefühl zu besitzen, das ständig nach seiner Überwindung dängt. *Der Sinn des Lebens*, p. 48.

1932年他与雅恩牧师的邂逅和对谈，这一点得到了印证。

恩斯特·雅恩是柏林附近的斯迪格里兹的一位路德教牧师，他对新兴的精神治疗学派，以及它们能为传统宗教“各种灵魂救治”[①]做出的贡献特别感兴趣。他曾经撰写过一本关于精神分析的书[②]；曾经与荣格、菲斯特、昆克尔保持书信往来；后来他还撰写了一篇全面评价个体心理学的文章[③]。1932年，阿德勒前往柏林，开始与雅恩牧师熟络起来。两人决定直面“各种灵魂救治”和个体心理学并合写一本书[④]。该书1933年正式出版，几乎刚出版就被纳粹扣下并销毁了。

在阿德勒看来，人类本质上是与地球捆绑在一起的；宗教是社群感的体现；“各种灵魂救治”是心理疗法的先驱；上帝是人类的完美想法以及所有可能想到的最崇高想法的具

---

① 本书作者在此对恩斯特·雅恩牧师致以最诚挚的谢意，后者借给本书作者几本他的作品（这些书似乎都是现存的唯一版本，没有再版过），同时还向本书作者提供了关于阿尔弗雷德·阿德勒及其几位同辈人的许多信息。

② Ernst Jahn, *Wesen und Grenzen der Psychanalyse*（Schwerin i.M.: Bahn, 1927）.

③ Ernst Jahn, *Machtwille und Minderwertigkeitsgefühl*（Berlin: Martin Warneck, 1931）.

④ Ernst Jahn and Alfred Adler, *Religionund Individualpsychologie. Eine prinzipielle Auseinandersetzung über Menschenührung*（Vienna and Leipzig: Passer, 1933）. Ernst Jahn in Heinz and Rowena Ansbacher, *Superiority and Social Interest*（Evanston: Northwestern University Press, 1964）, pp. 272–274.

体化；人类本无好坏之分，对好与坏的区分完全基于个体社群感的进化；邪恶是生活方式中的错误；善良是“在内在限制的范围内”（在人类力所能及的范围内）对错误的生活方式做出修正。对雅恩牧师来说，人类不仅与地球有关系，也与上帝有实实在在的关系；邪恶不仅仅是错误，还是罪恶，因此必定会惹怒上帝；不过罪恶可以通过善良获得原谅，这是“上帝的恩赐”；总之，尽管“各种灵魂救治”调和了人与上帝的关系，但其绝不等于心理疗法。不过，雅恩牧师认可心理疗法的各种好处，尤其是个体心理学的各种好处。他指出，阿德勒重新发现了路德最重要的主张之一，即以自我为中心的爱是人类的基本态度。不过阿德勒认为，这样的自恋是一种错误的生活方式。

在上述整个讨论过程中，阿德勒和雅恩牧师都显示出对对方的极大尊重。在回复本书作者的问询时，雅恩牧师说，他发现，阿德勒是个不装腔作势的人，是个伟大的经验主义者，是个富有经验的、怀揣崇高理想的、对自己的各种观察结果的正确性坚信不疑的心理学家。他或许是个实证主义者，不过他在真诚地寻求与基督教的比照。雅恩牧师总结道：“今天，我可以明确地说，阿德勒不是无神论者。”

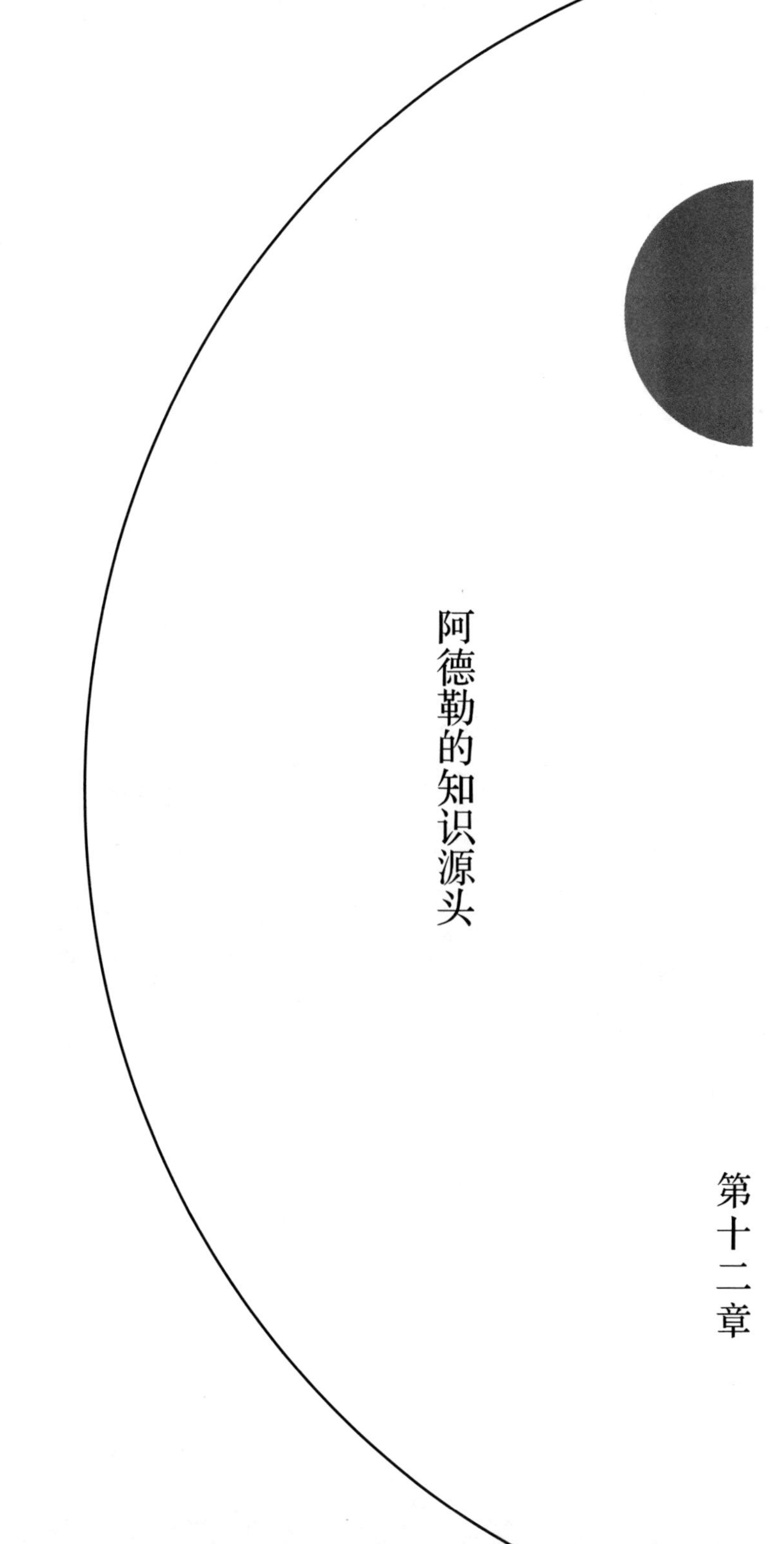

第十二章

阿德勒的知识源头

有创造力的人的创造本源是其自身的人格。说起运动型、听觉型、视觉型的差异，阿德勒就是一个最好的例子，因为他属于这三种类型中的每一种。他对运动和活动的需求巨大；他是个优秀的音乐家，而且热爱音乐；他观察患者的敏锐度让他很快能完成诊断。他的器官缺陷理论不仅源自临床研究，还源自童年早期，他对这种状况的亲身经历——当时，疾病妨碍了他的运动需求。他还因排行老二，亲身经历了夹在中间——上有哥哥，下有弟弟——的情境，这是他后来描述的兄弟姐妹排行情境中的一种。他对老大和老小的心理描述显然源自他自己的家庭背景。如果博顿的说法属实，那么阿德勒与妻子的各种不合就是其男性抗议理论的来源之一。他个人对第一次世界大战的看法以及他作为军医的各种经历有可能启发了他的"社群感"概念。

神经症的理论来源常常被忽略的一个方面是，精神治疗师必须应付的各种患者的类型。伊齐多尔·沃瑟曼用事实揭示了弗洛伊德的精神分析和阿德勒的个体心理学之间的差异。根据他的统计，弗洛伊德的大多数患者属于富裕的上层阶级，而阿德勒的大部分患者属于中层和下层阶级。[①]对这种状况，安斯巴赫的说法是不同的心理学理论和对不同患者的选择都源自弗洛伊德和阿德勒各自的人格。[②]根据沃瑟曼的统计，在阿德勒的患者中，有26%来自上层阶级，74%来自中层和下层阶级。这显示出，他的患者在各社会阶层中有相当均衡的分布。两人之间的另一个区别为，弗洛伊德是从神经学转向了神经症，阿德勒是从全科医学转向了神经症。这也解释了为什么弗洛伊德更强调借鉴自大脑生理学的概念化模型，而阿德勒对大脑与身体的各种关系更感兴趣。两人的差异还包括，弗洛伊德在研究神经症时，最初的一些研究对象为癔症患者（到1900年前后，癔症研究已不再引领潮流），而阿德勒的各种观察主要针对的是那些强迫性神经症患者。

---

① Izydor Wasserman, Letter to the editor. *American Journal of Psychotherapy*, XII（1958）, 623–627. Ist eine Differenzielle Psychotherapie möglich? *Zeitschrift für Psychotherapie und Medizinische Psychologie*, IX（1959）, 187–193.

② Heinz Ansbacher, The significance of the socio-economic status of the patients of Freud and of Adler. *American Journal of Psychotherapy*, XIII（1959）, 376–382.

人们通常认为，在遇到弗洛伊德以前，阿德勒对神经症和心理疗法一无所知。实际上，情况远比这复杂。黑尔帕赫在其自传里记述了1899年时，成为“治疗各种神经病的医生”是如何风光无限——犹如上一代人流行当眼科医生一样。[①]主要困难是找到正确的地方学习那种全新的医学学科。阿德勒可能是从克拉夫特・埃宾的一些讲座中获取了一些入门知识。不过，我们也可以这样认为，在研究神经症方面，他遇到的第一位大师是维也纳联合诊所的莫里兹・贝尼迪克特。贝尼迪克特对催眠的憎恶、他在意识水平上对心理疗法的发掘、他的个体在隐秘幻觉里的第二生命概念，这些都在阿德勒的治疗方法和“虚构目标”理论里有所反映。对于各种环境影响（尤其是各种教育影响）在神经症心理发生学方面的作用的研究都发生在阿德勒研究心理分析阶段以前。

关于弗洛伊德对阿德勒的个体心理学做出了多少贡献，人们很难做出评估。虽然阿德勒坚称，他从不赞同弗洛伊德的“力比多”概念和俄狄浦斯情结概念，但他也承认，他的好几个理念得益于弗洛伊德，比方说，婴幼儿最初的人际关

① Willy Hellpach, *Wirken und Wirren. Lebenserinnerungen. Eine Rechenschaft über Wert und Glück, Schuld and Sturz meiner Generation,* I（Hamburg: Christian Wegner, 1948）, 413.

系的长期影响，各种病症和各种口误笔误都富有意义，各种梦境都有可能被解析。有些人会错误地声称，阿德勒拒绝接受无意识这个概念。实际上，阿德勒坚信，童年早期的各种境遇和各种事件无意识地决定了成人的生活方式；他还谈到了各种无意识的“虚构”以及生活目标。还有些人会错误地认为，阿德勒的发展方向主要基于目的论，而弗洛伊德的发展方向主要基于因果关系。实际上，阿德勒坚持说，童年早期的各种生活情境都是神经症真实的（而非虚构的）原因；弗洛伊德曾公开表示，各种神经病症状都带有目的性。

毫无疑问，弗洛伊德对阿德勒的影响是反向的。在周三晚间聚会的各种讨论中，阿德勒似乎在很大程度上一直将弗洛伊德当作对手加以利用。通过激发阿德勒用各种方式进行相反的思考，弗洛伊德帮助他找到了自己的路径。两人之间的各种差异见表1。

表1　弗洛伊德与阿德勒思想的比较

弗洛伊德	阿德勒
悲观主义	乐观主义
个体是分裂的	个体本质上不可分割
自我受超我压制，同时受文明威胁	个体倾向于对社会采取攻击性行动
个体会对自我进行各种防护，在防护强度不到位时或许会采取行动	个体会对其他人采取各种攻击方式，在主动攻击失败后会躲到各种“遮羞布”后边

续表

弗洛伊德	阿德勒
婴儿会有无所不能感（幻想的愿望能得到满足）	儿童会有自卑感（例如侏儒和巨人的对比关系）
力比多具有最根本的重要性，会固着和退行	人的性行为在很大程度上有一种与竭尽全力超越他人有关的象征意义
强调以力比多投注和攻击性感觉为形式的各种客体关系	强调“对手”（Gegenspieler）概念
强调与父亲和母亲的关系，以及俄狄浦斯情结	强调与兄弟姐妹的关系以及在兄弟姐妹排行中的位次
女性有自卑感，因为女性没有阴茎（所谓的“阴茎嫉羡”）	男性有自卑感，因为男人的性潜能比女性受到更多限制
神经症是人类文明不可避免的产物，几乎成了人类生存状况的内涵	神经症是个体逃避履行各种社会职责的小伎俩
第一次世界大战后，弗洛伊德开发了“死本能”概念	第一次世界大战后，阿德勒开发了“社会利益”概念
在精神诊疗期间，患者躺在诊疗床上	在心理治疗期间，患者需要坐在治疗师对面

大师采用自由讨论的方法教几位门生，在这样的师生组合里，人们根本不可能看出大师对众位门生会有什么影响，众位门生对大师会有什么影响，以及众位门生相互之间会有什么影响。对阿德勒和他的一众门生来说，情况同样如此。举个例子：真正的自卑感和精神病态的自卑感，或者说，自卑感和自卑情结之间的区别似乎是亚历山大·诺伊尔首先提出的。对某一理论的各种反驳可能会遭到原作者拒绝，不过，反驳之声有办法钻进其头脑里，也许会伪装成潜在记忆

钻进去。这种事曾发生过，1908年，弗洛伊德拒绝接受阿德勒的自主攻击性驱力概念，后来他于1920年采纳了这一概念。与此相同，1928年，汉斯·孔兹发表了一篇毫不留情地批判个体心理学的文章，他批评说，竭尽全力超越他人并非各种自卑感的心理补偿，而是一种自主驱力；阿德勒后来采纳了这个观念，并将其收入了个体心理学的修改稿里。[①]

至于心理分析，情况同样如此，许多哲学家的前期铺垫是个体心理学的基本要素。根据博顿的说法，阿德勒曾经研究过亚里士多德，对其非常崇拜。[②]然而，在阿德勒的成果里，亚里士多德的影响微乎其微，唯独其对人的定义——“政治性动物”是个例外。个体心理学与斯多葛学派显示出更密切的关系。该哲学学说宣扬“天人合一”，以及人类共同体，并且主张智慧应包括遵从各种普遍规律，美德就是不断地努力以达成目的（这一主要美德与阿德勒所说的勇气非常接近）。

在阿德勒的想法里，始终占主导地位的不是别的，而是

---

① Hans Kunz, Zurgrundsätzlichen Kritik der Individualpsychologie Adlers. *Zeitschrift für die gesamte Neurologie und Psychiatrie*, CXVI（1928）, 700-766.

② Phyllis Bottome, *Alfred Adler. Apostle of Freedom*（London: Faber and Faber, 1939）, p. 17.

“启蒙运动”的哲学思想（虽然他不像皮埃尔·让内那样始终如一）。尽管弗洛伊德的哲学观与叔本华相似，阿德勒走的却是莱布尼茨和康德的路线。和莱布尼茨一样，阿德勒宣扬的是，人类是不可分割的个体，是反映整个宇宙的单体。人的每个部分与整体联动，像其他各种单体一样，人会为了从有缺憾走向更加完美而不停地努力。

阿德勒与康德两人有许多共同点。阿德勒所说的“绝对真理”与康德的“绝对命令”大同小异。绝对真理就是规矩，也即人必须调整自己的生活和行动，使其完全符合社会的要求。在一本讽刺斯威登堡的小册子里，康德说，这位伟大的瑞典神秘主义者为自己建造了一种有别于他人生活在其中的、私人的形而上的世界。[①]在《人类学》一书里，康德论述说：“所有精神紊乱的唯一共同特征是，丢掉常识，并生成一种独特的推理性个人意识作为补偿。”[②]康德所说的“个人意识”与阿德勒后来提出的“个人智慧”类似。[③]

① Immanuel Kant, Träume eines Geistersehers. *Immanuel Kants Werke*, Ernst Cassirer, ed.（Berlin: Bruno Cassirer, 1912）, II, 329–390.

② Immanuel Kant, Anthropologie in pragmatischer Hinsicht. *Immanuel Kants Werke*, Ernst Cassirer, ed.（Berlin: Bruno Cassirer, 1922）, VIII, 3–228.

③ Heinz Ansbacher, Sensus Privatus versus Sensus Communis. *Journal of Individual Psychology*, XXI（1965）, 48–50.

阿德勒的个体心理学属于康德用务实的人类学设定了一种模板的心理学。康德曾解释说，深入研究大脑的记忆生理原理意味着对理论心理学进行推导；而为改善和开发记忆去探索有利于记忆和有损于记忆的东西，意味着利用务实的人类学。康德还持有一个观点，即借助意志力，人可以克服许多心理和身体的疾病——这就是阿德勒所说的“勇气”的一个范例。

毫无疑问，阿德勒属于“启蒙运动”哲学派系，因为他强调，人是理性的、社会的存在，被赋予了有意识地做出各种决定的自由意志和能力。不过，他的好几种观念与浪漫主义哲学相契合，例如：个体绝对的独特性及其对世界的看法（阿德勒的视角），社会是个有机的、创造性的整体（与启蒙运动的“社会契约”概念大相径庭）。个体心理学还有一个浪漫主义元素可以追溯到巴霍芬的理论。巴霍芬教导人们说，人类以前经历过母系氏族阶段，现如今男性凌驾于女性之上是经过长期斗争取得的。倍倍尔将这一理论与马克思主义思想结合在一起。①正如无产阶级曾经遭受资产阶级的压迫一样，女性曾经遭受男性的压迫；而社会主义会给予男性

---

① August Bebel, *Die Frau und der Sozialismus*（Stuttgart: Dietz, 1879）.

和女性各种平等的权利。倍倍尔的理论启发了阿德勒的“男性抗议”概念（为抗拒女性自卑感，作用于女性身上的心理补偿进程），以及男性神经症患者的“恐惧女性”观念。阿德勒推测，男性推翻母权制，并以自己的统治取而代之，是反抗男性在女性面前的自卑感的心理补偿；他指出，与女性相比，男性的支配力更为有限。[①]

在弥漫着达尔文主义——尤其是社会达尔文主义——的学术氛围里，阿德勒的思想成熟起来。社会达尔文主义强调为生存而战（人们通常认为，这就是每个人都与他人为敌的霍布斯式战争），适者生存，不适者消亡。阿德勒属于回应达尔文主义时站在其对立面的那拨人。首先，对于器官缺陷，他没有将其视作失败的结果，也不认为其会消亡，反而将其当成对获取优势的激励进行心理补偿的结果。其次，他认为，人最基本的动力并非植根于战斗天性，而是植根于社群感。

年轻时的阿德勒对各种社会问题以及社会主义的热情高涨，这必然会让他接触卡尔·马克思的一些学说。如今人们无法知悉阿德勒是否阅读过马克思的文字作品，但他会不可

① Sofie Lazarsfeld, *Wie die Frau den Mann erlebt*（Leipzig and Vienna: Verlag für Sexualwissenschaft, 1931）, 79–82.

避免地大量吸收马克思主义学说。虽然阿德勒拒绝他人将他的行动认作与社会主义或共产主义有关系，但马克思主义对他的影响在个体心理学的一些基本概念里有所体现。我们不妨回顾一下，阿德勒的第一部著作是关于裁缝行业的，该作品揭示，某些疾病的病因并非微生物或毒素，而是社会问题。阿德勒一向强调神经症病因里的社会因素和环境因素。马克思的“神秘化”概念与各种无意识的欺骗和自我欺骗没什么不同，后两者在阿德勒的神经症理论中的巨大作用不容小觑。[①]揭露各种神秘化的方法在马克思主义和个体心理学里惊人地相似。马克思主义的一种分析方法是：“剥开人们说法的外衣，拨开人们看待自我的迷雾，观察人们的作为，从而了解他们的为人。”[②]

像所有同时代的人一样，阿德勒受到了尼采强有力的影响。不过，一直以来，这种影响的本质常常遭到曲解。实情并非如人们所说的，阿德勒不过是在自己的系统里“用尼采的‘权力意志’替换了弗洛伊德的‘力比多’”那么简单。在阿德勒的体系里，“权力意志”不过是竭尽全力争取优势

① Henri Lefebvre, *La Conscience mystifiee*（Paris: Nouvelle Revue Française, 1936）.

② Henri Lefebvre, *Pour connaitre la pensee de Karl Marx*（Paris: Bordas, 1947）, pp. 42–43.

的一种形式。在后来的《个体心理学》修改稿里，阿德勒表达的想法为：竭尽全力争取优势本身源自个体的创造力。阿德勒和尼采的许多相似之处被克鲁克香克记录了下来。除此之外，他们也有可能存在着其他许多相似的地方。①然而，社群感概念对尼采而言绝对是个陌生的概念。

阿德勒经常提及一位哲学家——新康德主义学派的汉斯·费英格及其作品《“仿佛”哲学》。“法律虚构”已经应用了很长一段时间。边沁表示，在其他领域中也存在各种“虚构”。②尼采坚决主张，心理虚构和道德虚构的作用巨大，它们对人类很重要。谈论文明社会的各种常见谎言变得流行起来。费英格的独到之处是，在科学领域确立了各种虚构的作用，确定了“虚构”和“假说”之间的区别。

> 两者对科学进步都非常重要，不过，我们不能将它们混为一谈，它们本质上完全不同。科学家会做出各种努力，以证明假说。科学家在提出假说时，会认为它既

① F. G. Crookshank, *Individual Psychology and Nietzsche, Individual Psychology Pamphlets*, No. 10（London: C. W. Daniel Co., 1933）.

② Bentham, Logical arrangements, or instruments of invention and discovery. *The Works of Jeremy Bentham*, John Bowring, ed.（Edinburgh: William Tait, 1843）, III, 286。

符合逻辑又可能存在，随后会推进其证实进程。如果能够证实它是真的，随后它就会成为科学知识；如果无法证实它是真的，科学家就会放弃证实。虚构不必是真实的，甚至不必看起来可能为真，人们不会根据经验反复验证虚构，因为它不过是一种“修辞”。它只要看起来有用，就会长期存在；一旦它不再起作用，或者被某个更好的说法所取代，人们就会把它忘到一边。一个命题究竟是虚构还是假说，并不总是很容易界定，而命题自身可能会轮番变成虚构和假说。例如，“原子”概念在德谟克利特时代是个虚构，因为当年没有证实它真伪的检测手段，然而，随着现代物理学的到来，它变成了一种假说。当古希腊天文学家们推出一种宇宙模型时，地球被固定在其中心位置，并被一串透明的同轴球体所围绕，每一层球体依次附着着太阳、月亮、行星及一些恒星。天文学家们脑子里想到的东西是一种虚构，因为那可以很好地服务于他们的目的，也即预言众多天体的各种运动。不过，在中世纪，人们忘掉了那一模型的“虚构”本质，而将它变成了一种教义。

在现代心理学家里，有些人将“无意识”当成假说，另一些人将其当成虚构。弗洛伊德含蓄地认为，它是一种假说，并通过研究证实了这一点；反观皮埃尔·让内，他将其称作“修辞”——这明显意味着他在用到这一说法时将其当成了科学的虚构。

阿德勒以两种方式应用“虚构”概念。首先，他将其当作一种普遍接受的方法论概念。与精神分析不同，个体心理学并不声称其为一种有待验证的假说体系，反而自称为一种虚构体系。每一件事的发生（人类为适应社会和宇宙的各种活动）都受制于一种标准的理想状态，而各种各样的异常行为都是对那一规范的偏离。其次，他通过使用“虚构”一词来让神经症患者的行为变得可以理解。就好比说，神经症患者在尽全力达成虚构的目标，并依此行事。

每当某精神病学家在应用某个哲学概念时，似乎总会有个哲学家跳出来，指出其误解了这一概念的意思。也正是如此，万德勒反驳阿德勒说，神经症患者虚构的目标在费英格看来并非虚构，而是探索现实的实用工具——只是因为毫无结果而遭人弃用。[①]神经症患者的失误非但不会阻止其不再

① Joseph Wandeler, *Die Individualpsychologie Alfred Adlers in ihrer Beziehung zur Philosophie des Als Ob Hans Vaihingers*. Ph.D. Diss. Freiburg, Schweiz, 1932（Lachen: Buchdruckerei Gutenberg, 1932）.

犯错，还会使其更加不知所措。实际上，那不过是个错觉。在万德勒看来，阿德勒所说的大多数虚构要么是错觉，要么是类似的东西，或者正相反，甚或是人们广为接受的各种事实（例如人生规划）。

在熟悉汉斯·费英格的学说后，大约在1926年，阿德勒碰巧接触了扬·克里斯蒂安·史末资的“整体”哲学。他发现了对史末资的一些概念的证实，以及个体心理学的哲学基础。1870年，史末资在南非一个与世隔绝的农场出生。[①]作为军事领袖和政治家，他举世闻名；不仅如此，他对自然科学和哲学也兴趣盎然。1924年，他的政党在选举中败北，他退休回到了农场，撰写了《整体论和进化》一书。以下内容摘自一篇评论。

> 史末资将“完型”称作创造各种“整体”的普遍原则。而完整性是贯穿各种物质、生命、思想的活跃元素。史末资认为，进化源自各种电子、原子——它们升华形成的一系列整体性的植物、动物、思想、人格。整体大于自身的各个部位，会影响到自身的各个部位；各

① Sarah Gertrude Millin, *General Smuts*, 2 vols.（London: Faber and Faber, 1936）.

部位也会影响整体，而且它们会相互影响；整体会影响其周边环境。史末资从宇宙中看出："每个个体都从其内部通过发展、成长、进化之力彰显出面向整体的驱力，而且能够通过自身作用于自己周边的环境。"各种水平较低的整体产生了各种较高的整体，并与之融合。每个整体都是实验室，时间在其中转化成了永恒。史末资认为，当今的心理学不尽如人意。他说，还有足够的空间容纳全新的人格科学，该学科"作为研究人性的综合科学，必将成为所有科学中的王者；另外，相应地，它会成为全新的伦理学基础，也即全新的形而上学"。作为通向这一全新科学的方法，史末资建议对各种详尽的个人传记进行比较研究。这样就可让人类制定出各种个人进化规则。[①]

按照史末资和阿德勒两人的传记作家的说法，他们两人曾经有过书信往来（他们的通信至今从未被公开）。也许阿德勒认可如下说法：他的个体心理学与史末资描述的未来人格科学是一回事。史末资的"整体论"的影响在阿德勒的

---

① Jan Christian Smuts, *Holism and Evolution* （London and New York: Macmillan, 1926）.

《认识人性》一书及其后来的一些作品里显而易见。

本书在此扼要概述一下阿德勒的少数几个特殊概念的来源，这些概念是：自卑感、竭尽全力争取优势、各种神经症虚构、性格诊断、社会利益法则、社群感。

就自卑感而言，奥利弗·布拉赫菲尔德列出了一长串作家，这些作家为这一概念做了铺垫。[①]阿德勒的说法为："我称作自卑感的东西，是从让内称之为不完全感的东西发展而来的。"[②]这方面有两位作家特别值得一提，他们是法国的司汤达和美国的爱默生。

司汤达是个非常典型的例子，他让自卑情结牵着鼻子走了一辈子。[③]由于天生长相丑陋、笨拙，司汤达内心极为痛苦，只好用傲慢、假扮公子哥做派、混时尚圈等作为心理补偿。他在日记里详尽地记述了各种社会交往，记述了在每个场合中究竟是他还是别人更具优势。在他创作的几部小说里，他喜欢描述一些个体由于根深蒂固的自卑感而追求过

---

① F. Oliver Brachfeld, *Les Sentiments d'inferioritee*（Geneva: Mont-Blanc, 1945）.

② Alfred Adler, *Über den Nervösen Charakter*（Wiesbaden: Bergmann, 1912）, p. 3. Engl. trans., *The Neurotic Constitution*（New York: Moffat, Yard, 1917）.

③ Georges Blin, *Stendhal et les problemes de la personnalite*（Paris: Corti, 1958）, 1, 169–217.

度的心理补偿。《红与黑》里的主人公于连·索雷尔就是如此。[①]司汤达的一些心理学理论往往先于阿德勒的理论。司汤达认为，羡慕体现了处于自卑中，每个向羡慕让步的人都会蒙受耻辱。在热恋中遭到离弃是一种让人无法容忍的情境，我们应当知道，那样一来，个体会显得卑微。在参与社交活动时，参与者们主要考虑的是不能显得卑微。司汤达的喜剧理论可以很容易地融入个体心理学。[②]对他人的优越感会突然给人带来“统觉”，喜剧感会油然而生。如果人们必须更尊重某人，那么人们也会更想要看到其遭到嘲弄。看到遭受群嘲的人的狼狈相，会让喜剧效果更加强烈。不过，嘲弄他人的人也会受制于同伙里的其他人——他们会判断其智慧的价值。喜剧效果也会受义愤和怜悯的制约（用阿德勒的话说，受社群感的制约）。

爱默生对自卑感的定义不像司汤达那么精准，不过，这一概念隐含在他的作品[③]里，尤其是《随笔》和《生活的准

---

① 司汤达在《红与黑》第40章中明确提到了于连·索雷尔“持续的自卑感”。详见Stendhal, *Romans et Nouvelles*（Paris: Pleiade, 1952）, 1, 507。

② Stendhal, Du Rire. *Mélanges d'art et de littérature*（Paris: Calmann-Levy, 1924）, pp. 1–30.

③ Ralph Waldo Emerson, *The Complete Works. Centenary*. Edition（Boston and New York: Houghton, Mifflin and Co., 1903—1912）, Vols. II-III, VI.

则》两本书里。在一篇以“自信”为题的随笔中，爱默生描述了阿德勒后来称之为“勇气”和“鼓励”的概念。在他的众多文字作品里，我们可以找到许多非常适合个体心理学的想法和建议。

人类本性的核心动力是竭尽全力争取优势，人们常常以各种方式谈论这一思想。霍布斯常说，人的自然状态是人与人之间相互对抗的战争状态。爱尔维修则说，人类行为的主要动机是怀揣尽可能变强大的愿望，以控制他人，从而使自己的各种激情能得到满足。①在尼采看来，权力意志是首要的，而权力本身就是目的。阿德勒对权力意志的看法不过是更为基本的“竭尽全力争取优势”可能的偏离之一。在这方面，也有一些在他之前的先行者。普罗斯珀·德斯潘是法国心理学家，他曾经描述过社会生活如何受制于一些个体的凌驾于他人之上的权势。②

对每个人来说，竭尽全力争取优势的观念都是与生俱来的。在人际交往中，竭尽全力争取优势也是最有力的动因之

① Helvetius, *De l'Esprit*（Paris: Durand, 1758）.

② Prosper Despine, *Psychologie naturelle. Etude sur les facultes intellectuelles et morales dans leur etat normal et dans leurs manifestations anormales chez les alienes et chez les criminels*（Paris: Savy, 1868）, I, 291–292.

一。随着动物心理学的进步，这也成了人们的常识。后人无从知晓，阿德勒是否了解苏杰德拉帕-埃比的超前研究，即存在于母鸡群里的“社会等级排序”。该研究指出：

> 两只母鸡在第一次相遇时，会通过恫吓或直接打斗而产生一场较量比拼。双方会由此决定哪一方将支配另一方。在同时有许多动物在场时，所有在场动物之间的等级排序必将在相当短的时间内得到确立。位于最顶端的动物是阿尔法（alpha），所有其他动物都屈居它之下；排在第二位的动物是贝塔（beta），它仅屈居于阿尔法之下，位于其他所有动物之上。所有居间排序就这样向下延伸到最后一个动物。最后一个动物屈居于其他所有动物之下，没有其他动物供其支配。在“社会等级排序”中，动物的位置越高，它得到的特权、食物数量就越多，栖息的位置越好，追随的雌性数量越多。年龄小的动物受年龄大的动物支配，它们会在打斗中渐渐确立自己的等级排序。长大后的它们会挑战那些大龄动物，最终会征服那些大龄动物。这种社会等级排序得到所有动物的默许。不过，在出现竞争后，例如因争抢食物或是其他原因，啄食便开始了。啄食会按照顺序展

开，其与“社会等级排序”一致。动物阿尔法可以啄食所有其他动物，而其他动物不能啄食它；动物贝塔唯独会被动物阿尔法啄食，同时可以啄食其他所有动物。如此排序一直延伸到最底层，最底层的动物没有其他动物可啄食，只能被其他所有动物啄食。不过，事情或许会变得更为复杂。的确存在一种三角关系，即阿尔法支配贝塔，贝塔支配伽马（gamma），而这个伽马不走寻常路，偏偏能支配阿尔法。或者，有时候会发生如后情况，即在等级排序中处于较低位置的某个动物会挑战处于高位的动物，从而在等级排序中抬高自己的位置。①

人们发现，苏杰德拉帕–埃比的这些发现被大量应用到了禽类和哺乳类动物身上。从一开始，大卫·卡茨就向人们证实，这些发现可以扩展开来，用于解释人类心理学和社会学中的某些事实。②奇怪的是，科学家们很长时间以来都忽略了这些事，反而是一些作家注意到了它们。例如，爱默生

---

① Thorleif Schjeldrup-Ebbe, Beiträgezur Sozialpsychologie des Haushuhns. *Zeitschrift für Psychologie und Physiologie der Sinnesorgane,* LXXXVIII（1922）, 225–253.

② David Katz, Tierpsychologie und Soziologie des Menschen. *Zeitschrift für Psychologie und Physiologie der Sinnesorgane,* LXXXVIII（1922）, 253–264.

在作品中写道：

学校新来了个男孩，某人出远门期间每天都会遇到一些陌生人，或者，一个历史悠久的俱乐部中加入了一个新人……这些事的发生总要让人们面临像下面例子中的情境：有人将一头外来的公牛赶进一个养着许多牲畜的围场或牧场，最强壮的一头牛和新来者之间立刻会发生力量较量，由此决定谁才是领袖。两人见面时也会发生这种力量较量，非常客气，不过也非常果决，然后就会出现一种顺从关系——彼此都会在对方的眼中揣摩自己的命运。

无论是第一次相遇还是每次相遇，人们都会借助对方进行比较。在开口说话前，彼此是如何迅速知悉对方的力量和性情的？有人会说，双方话语的说服力不在于他们说了什么。或者说，人们信服的不是对方的理由，而是对方的人格、对方的真实身份、对方之前的言论和行为。①

① Ralph Waldo Emerson, *The Conduct of Life, Centenary Edition* (Boston and New York: Houghlon. Mimin and Co.. 1903—1912) , VI, 59, 190.

作家们熟知这些事已有很长时间。塞缪尔·巴特勒的《众生之路》里有个经典的例子：一对年轻的新婚夫妇在婚礼结束数小时后来到一家饭店，丈夫让妻子下楼去点晚餐，妻子因为累不想去，可丈夫一再坚持。从那一刻往后，丈夫的主导地位无可动摇地建立了起来。

所有这些事实与个体心理学的一些基本概念惊人地相似。不过，不应忽视的是，事情远比这复杂。两个人之间的关系不仅受制于他们之间自信力的比较，也受制于他们各自的生活方式和“虚构目标”，还受制于他们周边一些群体与他们的关系，抑或他们与周边群体的关系。这样的观念因为一位作家在法国得到了发展，但阿德勒好像从未闻听过这位作家，即欧内斯特·塞利埃男爵。①

追随尼采的脚步，塞利埃男爵认真思考了“权力意志”，并将其称为“扩张主义”。这是人类行为的核心动力，可以是健康的、合理的，也可能会变成病态的。在后一种情况下，扩张主义常常被神秘主义牵着鼻子走而误入歧途，而神秘主义是一种非理性的信念。塞利埃将扩张主义分

① Louis Esteve, *Une Nouvelle Psychologie de l'imperialisme*（Paris: Alcan, 1913）.

为三类：一类是个体扩张主义——个体会因为战胜自我或身边的人们而沾沾自喜；另一类为集体扩张主义——个体将自己认作群体里的一员，成了群体里的斗士；最后一类为人类扩张主义——认为人类对大自然有统治力。塞利埃撰写了一套大部头专著，其中涉及让-雅克·卢梭、浪漫主义、新浪漫主义、尼采等主题的内容令人瞩目。足以让人好奇的是，在论及弗洛伊德和阿德勒的那一卷里，塞利埃未能注意到他的扩张主义概念和神秘主义概念与阿德勒的“竭尽全力争取优势”和“虚构目标”之间鲜明的类比。[①]在其他各卷里，塞利埃比阿德勒步子迈得更大。他说，与个体层面相比，人际关系的真正本质在国际生活领域更容易被查明，因为人际关系或多或少受社会管制的制约。

人们用虚构的想法看待自己和他人，并据此引领自己的生活——一些作家已经多次表达过这种理念。从某种程度上来说，诸如堂吉诃德或者塔拉斯孔城的达达兰之类的角色是对这一主题的过分渲染。就日常生活里的角色而言，没有哪位作家比福楼拜更敏锐，他道出了真实世界中的人们与他们自认为的自己之间的差异，以及虚构的生活如何误导了

① Ernest Seilliere, *Le Neoromantisme en Allemagne. I. Psychanalyse freudienne ou psychologie imperialiste*（Paris: Alcan, 1928）.

他们——有时候（以包法利夫人为例）没准会导致他们在生活中一败涂地。有时候，“虚构”确实有保护价值，野蛮地揭开真相，会导致大灾大难，犹如易卜生的著名剧作《野鸭》所表现的那样。戈蒂耶是位法国作家，他以“包法利主义”（指的是福楼拜小说里的包法利夫人）的名义系统化了一个观念，即许多个体为自己创造了虚构的形象，此后不再以自己真实的人格对应自己的行为，而是以虚假的形象为参照。[①]近些年，这一概念已经被用于各种传记作品。例如，费金试图向人们揭示，爱伦·坡正是如此打造自己的，其扮演的角色是个著名的忧郁症患者，被误解的天才，而他将这一角色扮演得极其成功。[②]在某种程度上，约瑟夫·朵夫曼对托尔斯坦·凡勃仑的人格做了类似的解析。[③]

以上这些事实必然会引领人们思考一个难题：如何才能准确判断一个人的真实性格？人们已经料到阿德勒手里会有答案。歌德说：“想要揣摩一个人的性格，人们无论多么努力也只能无功而返。如果将那一个人的各种行为和

① Jules De Gaultier, *Le Bovarysme*（Paris: Mercure de France, n.d.）.

② N. Bryllion Fagin, *The Histrionic Mr. Poe*（Baltimore: Johns Hopkins Press, 1949）.

③ Joseph Dorfmnan, *Thorstein Veblen and His America*（New York: Viking Press, 1934）, pp. 313–319.

成就堆在一起，他的性格全貌就会现身。”[①]同样的想法在弗·约·加尔那里得到了更清楚的表达：

> 想在对方完全知情且有防范的情况下不冒任何出错的风险获悉该人的性格？那好，让他谈谈自己的童年、青春，让他讲讲同校男孩们的各种恶作剧，以及他对待父母、兄弟姐妹、同学、朋友们的行为举止，了解他的背叛、他的好胜心，让他说说与某些孩子的友谊、与其他孩子的仇恨，以及他怎么玩，诸如此类的事。对方几乎想不到有必要为这些事保密。对方根本没意识到，人的主要性格特征一成不变，唯有兴趣的某些客体会随着年龄和社会地位的变化而改变，他与之打交道的人对这些胸有成竹。[②]

寻找接近阿德勒个体心理学诊断方法的先例，必定是一件困难的事。我们仍然会致力于寻找阿德勒的“社会概念”和“社群感”的来源。斯多葛学派、浪漫主义者、社会主义

① Johann Wolfgang von Goethe, *Zur Farbenlehre*（1810）, in *Samtliche Werke*（Stuttgart: Colta. 1833）, Lll, xi.

② Franz Joseph Gall, *Sur les Fonctions du cerveau et sur celles de ses parties*（Paris: Bailliere, 1825）. III, 181–182.

思潮，以及其他一些人对阿德勒的启迪究竟有多深刻？确定这一点肯定也是一件无法完成的任务。不过，我们至少应当将两个来源区分清楚。

阿德勒几乎不太可能从未听说过约瑟夫·波佩尔-林凯乌斯，以及他那宏大的、激进的、解决各种社会问题的方案。[①]波佩尔-林凯乌斯提议建立一种劳动大军制度，确保每个男人和女人都必须登记注册，并服务数年。这么做可以确保最低限度满足全社会每个成员关乎生命的、物质的、文化的多种需求。如此一来，每个人都会摆脱对物质需求令人不堪的心理负担，也势必恢复自己原有的尊严。波佩尔-林凯乌斯的方案受人类社会理想化的启发，堪与阿德勒的社群感概念类比。几乎像阿德勒一样，波佩尔-林凯乌斯坚持认为，教育很重要；它可以尽可能早地向每个孩子灌输关于人类每个成员的价值和尊严以及自己对全人类的各种责任的正确观念。

阿德勒的社群感观念还有一个看似高度可能的来源，那必须是克鲁波特金，以及一些俄罗斯思想家的意识形态，他们认为，民族文化的真正源泉植根于人民。人民是这个国家

① Josef Popper-Lynkeus, *Die allgemeine Nahrpflicht als Losung der Socialen Frage*（Dresden: Carl Reissner, 1912）.

的语言、艺术、史诗、抒情诗的创造者，由于那些上层阶级凌驾于他们之上，他们让自己的思想成了贫瘠的荒地。对上层阶级青年男女真正的召唤是，让他们走进人民——不是为了去教诲，而是为了去学习。对西欧思想界而言，这一观念是陌生的，可能的例外是德国的浪漫主义。由平民主义者们组成的一些革命团体一直在宣扬这些观念；后来，这些观念渗透进了托尔斯泰和陀思妥耶夫斯基的作品里。人们可以看到，这些思想以哲学神秘主义的形式出现在高尔基的《人格的堕落》里。

> 打头阵的正是人民，人民是每一种物质和精神价值的来源。正是人民创造了语言、神话、宗教、史诗，创造了各种英雄形象。随着社群的发展，以及社群与其他群体的斗争，一些领袖和牧师变得不可或缺。人们赋予一些个体以史诗英雄们的某些特质，这成了“自我”的开始。起初，这些拥有特权的个体只是社群的组成部分，不过，他们解放了自己，过上了一种与社群平起平坐的独立生活；后来，他们又凌驾于社群之上。另外，只要他们还是来自人民的史诗英雄们的化身，他们就会继续参与社群活动。然而，这些人已习惯了拥有凌

驾他人之上的权力，终有一天，他们会渴望将权力据为己有。这种事会发生在社群与试图凌驾于民众之上的那些个体斗争一段时期之后。为得到权力，私有财产正是这些人引入的方法之一。自此以后，社群便倾圮了。随着时间的流逝，他们变得越来越强大，越来越具有攻击性。到最后，个体与个体之间相互抗争的新纪元到来了。最终的结果是个体自身的垮台。[①]

阿德勒学派的解释为，人们从以上叙事中可以看出，受竭尽全力争取优势引领的个体崛起是反群体且有害于自己的同胞和自己的人格的实例。如此一来，高尔基就解开了核心的未解之谜。对个体心理学来说，这等同于用心理分析解开远古时期的弑父心理的谜团。

---

① Maxime Gorki, Razrushenye Lichnosti, *Ocherki Filosofiy Kollektivizma*, I, 351–403 （St. Petersburg. 1909）. German trans., *Die Zerstorung der Personlichkeit*, in *Aufsatze* （Dresden: Kaemmerer, 1922）, pp. 17–86.

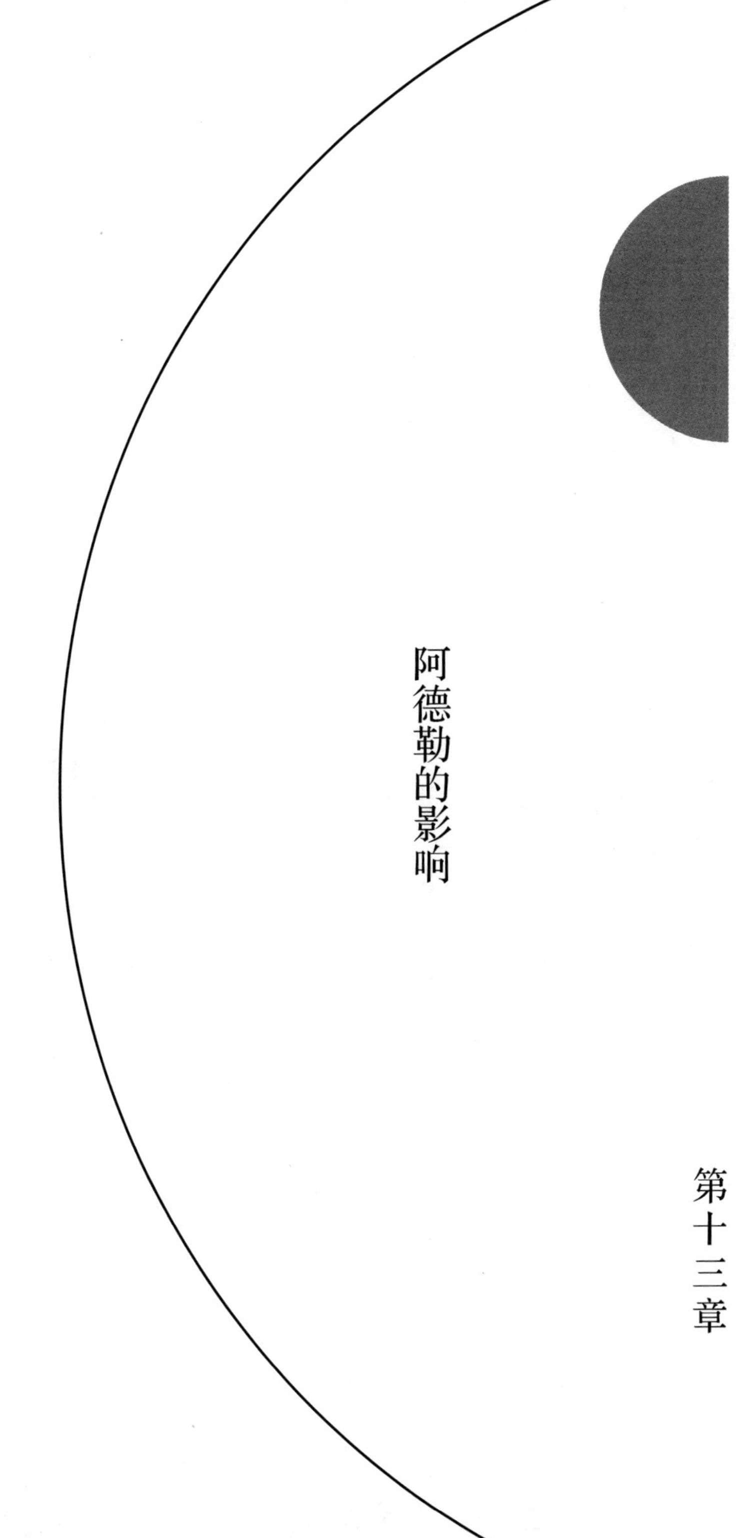

第十三章 阿德勒的影响

为查清阿尔弗雷德·阿德勒对后世的影响，我们必须牢记，他的个体心理学绝不是精神分析的一个分支，而是从根本上与其不同的。作为心理理论，它是一种务实的，或者说具体的心理体系。它通过两种对立的驱力来分析人类的行为举止。这两种驱力是社群感和与之对应的竭尽全力争取优势的变体。神经症、精神病、精神障碍都被看作社会利益法则的不同变体。它还涉及个体及其生活方式的唯一性、自我一致性、创造性，以及器官缺陷、自卑感、心理补偿、男性抗议、虚拟目标、神经症训练、事先约定、早期记忆的意义、兄弟姐妹排序位置的影响。作为治疗方法，一方面，个体心理学应用了一些合理的个体治疗技术，包括发掘各种虚拟目标和生活方式、赋予勇气、面向社会发展方向的重新训练等方法；另一方面，它还涉及种类繁多的儿童心理引领、团体心理疗法、社会精神病学技术。个体心理学强调，它的主要着眼点不是少数拥有特权的、富裕的患者，而是整体人口中的大多数。由于这些特点极具特殊性，个体心理学看起来不太可能与其他各种学派混为一谈，它的影响也不可能与其他各种学派的影响混为一体。的确，有一种似是而非的说法是，追溯阿德勒的成果和思想对当代世界的影响是极其困难的。

至于个体心理学运动自身，我们用三言两语很快就能说清它的前世今生。最初几年，它在一定程度上处于非正式状态，甚至到后来，它的组织结构也一直远不如精神分析协会那么稳固。在国家社会主义的压制下，与精神分析学派的运动相比，个体心理学学派的运动吃的苦头更多，因为它在中欧以外尚处于立足未稳的阶段。第二次世界大战后，它又开始活跃起来。如今，它有了自己的培训中心、杂志、国际会议。不过，在参与者数量、组织机构的严谨程度、受欢迎程度等方面，它还不能与精神分析学派的运动相提并论。

在个体心理学学派的运动中，一些成员与阿德勒分道扬镳，创立他们自己的一些学说。例如汉斯·昆克尔，他采取的是一种对个体心理学稍做修改的形式；又如维克多·弗兰克尔，他创立了一种全新的学说，即“实证存在分析”。

不过，出乎常人意料的是，尽管个体心理学和精神分析两个学派从根基上差异明显，但个体心理学影响最大、最深刻的恰恰是精神分析。阿德勒的影响甚至撼动了弗洛伊德，影响到了精神分析运动内部的某些倾向（所谓的新生代弗洛伊德学派），以及精神分析本身。这种影响的形式为，对个体心理学的一些观念的几乎无从察觉的吸收。

弗洛伊德和阿德勒合作的那些年，弗洛伊德或早或晚地采纳了阿德勒提出的一些理念。1908年，阿德勒宣布了“自发性攻击驱力”的存在，不过弗洛伊德否认了这一点；然而，1920年，弗洛伊德却开始大谈特谈“原发性破坏本能”。[①]在1908年发表的论文里，阿德勒使用了一些概念，如多种驱力的汇聚、各种驱力的位移、驱力转向对抗自身、替代另一强大的驱力、转变为对立的驱力。这些概念（顺便说一句，它们都源自尼采）在不同时期渗透进弗洛伊德学派的思想里。[②]各种驱力的另一个变化是各种外在需求的内化，这一说法先后由富特缪勒和阿德勒提出。1921年，弗洛伊德全盘接受了这一说法。后来，安娜·弗洛伊德又以“辨别攻击者”为名扩大了它的应用范围。精神分析转变为自我分析在很大程度上是由于采纳了阿德勒学派的一些早期概

---

① Alfred Adler, Der Aggressionstrieb im Leben und in der Neurose. *Fortschritte der Medizin*, XXVI（1928）, 577–584.

② Heinz and Rowena Ansbach, *The Individual Psychology of Alfred Adler*（New York: Basic Books, 1956）. pp. 31, 32, 37, 39, 458, 459.

念。因此，一些精神分析学家赞誉阿德勒为“精神分析后期多种发展的先驱”。

还有一件事情让人眼前一亮——在侧重保留精神分析术语基本不变的情况下，许多精神分析社团中的新生代精神分析学家大量采用了近似个体心理学的概念。他们是爱德华·肯普夫、哈里·斯塔克·沙利文、卡伦·霍妮、克拉拉·汤普森、舒尔茨-汉克。

新生代精神分析学家们并不构筑新学派，他们中的每个人都有自己的理论，不过他们所有人都拒绝接受弗洛伊德的某些基本概念，同时用类似于阿德勒的那些概念的一些观念取而代之（不过，绝不提阿德勒的名字）。大多数新生代精神分析学家对分阶段的力比多理论持否定态度。他们保留俄狄浦斯情结，却对其做出了别样的解释。他们淡化与生俱来的本能的作用，而强调环境的作用，尤其是人际关系的作用。他们不再将人类想象为天生让人不安的、具有破坏性的存在。他们不再分析本我、自我、超我之间的矛盾冲突，反而以神经病患者的各种行为方式作为模板，分析当今神经病患者的各种行为举止形式。性欲在心理活动中的作用被大大降低，他们认为，性活动是其他行为的一种表达方式。他们反而更看重自我肯定的驱力和竞争驱力。梦境分析和梦的符号分析的空间日渐缩小。虽然人们仍然将心理治疗称作精神分析，但它已经大大远离弗洛伊德的那些标准，并在一定程度上聚焦于当下而非过去，聚焦于人际关系而非内心的各种关系，而且不再考虑自由联想方法、梦境分析，也不再将诊疗床当作标准配置了。

爱德华·约·肯普夫编写了一本精神病学教材。那是一本大部头的、以精神分析为基础的教材，里边有丰富的艺术品插图，以及他诊治过的众多患者的照片。[①]人们对那本教材的评论是：

> 作者自称精神分析学家，虽然如此，“力比多”一词在全书里却杳无踪迹。在总计762页的文字中，阿德勒的名字仅出现过一次，而他的思想却遍布整本教材。书中重点强调的概念包括器官缺陷、自卑感、对各种健康心理和病态心理的补偿。在抗衡自卑感的诸多方法中，肯普夫对“避免竞争”着墨颇多，自卑感的极端形式为“普遍害怕所有人际交往”，这是典型的青春期精神分裂症的症状。

① Edward J. Kempf, *Psychopathology* （St. Louis: C. V. Mosby Co., 1920）.

哈里·斯塔克·沙利文去世后，他的讲稿由他人整理成4卷本合集并进行出版。虽然全书只字未提阿德勒，但沙利文精神病学的人际关系理论看起来非常接近于认同阿德勒学派的一些观点。以下内容摘自对该书的评论。

沙利文将精神病学定义为对人际关系的研究，他比阿德勒更进一步，因为他宣称，离开个体与周边人们的关系，人格就无从谈起。根据沙利文的说法，人格是当前人际关系局面的一种模式。他的“自我体系”是各种人际交往进程的一种稳固构成（特别像阿德勒的“生活方式”概念）。还有一个像阿德勒的地方是，沙利文认为“自我概念”受制于各种深思熟虑的评价，就是说，受制于孩子父母在做判断时的各种思索，以及孩子在童年早期的各种亲密关系。沙利文所说的人格化指的是个体对自己和对他人形成的各种扭曲的形象，犹如阿德勒的“虚构”概念。沙利文的心理学还提及了阿德勒附带各种个体感知扭曲的洞察力概念、记忆、逻辑等，只是换了其他术语而已。沙利文所谓的“选择性忽视”不过是与个人生活方式相符的那些感知扭曲的一个方面。

> 另外，沙利文所说的“因果逻辑混乱的思维模式”换成阿德勒学派的说法就是“个体逻辑的扭曲”。关于精神治疗，沙利文在诊治许多患者时不用诊疗床，而是安排他们坐在自己对面的一把椅子上；他有节制地使用自由联想方法和梦境解析方法；他毫不犹豫地主动插话（尤其是在面对强迫症和精神分裂症患者时）；他着力寻求让患者们意识到自身的逻辑混乱，以及其他各种扭曲。总之，看起来，沙利文遵从的是阿德勒学派的心理疗法，但他同时自称为精神分析师。他与阿德勒之间的一些主要区别为，沙利文在描述个体的不同成长阶段时更为详尽和谨慎，更倾向于将社会看作各种情绪疾病的来源。①

在卡伦·霍妮的成果里，人们同样可以发现一些与阿德勒的学说近乎雷同的相似性。在与弗洛伊德学派分道扬镳前，卡伦·霍妮身为正统的精神分析学家长达15年，随后

① Harry Stack Sullivan, *Conceptions of Modern Psychiatry*（Washington: William Alanson White Psychiatric Foundation, 1947）. *The Interpersonal Theory of Psychiatry*（New York: Norton. 1953）. *The Psychiatric Interview*（New York, Norton, 1954）. *Clinical Studies in Psychiatry*（New York: Norton, 1956）.

她创立了自己的学会。早在1926年，她就开始质疑弗洛伊德的“阴茎嫉羡”概念。[①]1927年，她发表的论文《女性的男性气质情结》[②]难免让人立刻想起阿德勒的“男性抗议”概念。

数年后，卡伦·霍妮的另一篇论文采用了典型的阿德勒学派用语，其标题为《对女性的恐惧》[③]。1932年移居美国后，卡伦·霍妮震惊于欧洲患者和美国患者之间的种种差异，她只能将这些差异归因于文化差异。她的一些学说包含在4部主要作品里。以下内容摘自对其作品的评论。

> 卡伦·霍妮批评弗洛伊德过分强调生物学因素而忽视各种文化因素。这样一来，她明确拒绝了弗洛伊德的力比多发展阶段及其神经症理论。就神经症的本质而言，卡伦·霍妮发现这是一种消除焦虑的方法（阿德勒肯定会说这是缺乏勇气）。像阿德勒一样，她也摈弃了弗洛伊德一直坚守的传统的神经症分类法。她所熟悉的

---

① Karen Horney, Flucht aus der Weiblichkeit. *Internationale Zeitschrift für Psychoanalyse*, XII（1926）, 360–374.

② Karen Horney, Der Männlichkeitskomplex der Frau. *Archiv für Frauenkunde*, XIII（1927）, 141–154.

③ Karen Horney, Die Angst vor der Frau. *Internationale Zeitschrift für Psychoanalyse*, XVIII（1932）, 5–18.

仅仅是一种常见的、可分为数种发展类型的神经症，包括顺从型（服从型）、退缩型、权力意志支配的攻击型。这几种神经症类型的发展形态可回溯至数种特定的童年情境。卡伦·霍妮对俄狄浦斯情结的看法与阿德勒完全一致，她承认，有时候俄狄浦斯情结的确存在，不过她解释说，这类心理情结是从早年被娇惯坏的孩子身上发展而来的。至于自恋，她没有像弗洛伊德那样将其解释为自爱，而是将其解释为自我欣赏，也即对理想化的自我形象的欣赏。在晚期的几部作品里，卡伦·霍妮开始思索竭尽全力争取自我实现是人类的主要驱力；她说，这种驱力受个体理想化的自我形象阻碍。在这一点上，人们同样可以看出阿德勒后来强调的创造性驱力的重要性，以及个体看待自我的虚构观点所起的作用。①

正如艾里希·弗洛姆在几部著作里表示的那样，他的理论是一种受社会学和哲学意识形态影响的新生代精神分析

---

① Karen Horney, *The Neurotic Personatity of Our Time*（New York: W. W. Norton, 1937）. *New Ways in Psychoanolysis*（New York: W. W. Norton, 1939）. *Our Inner Conflicts: A Constructive Theory of Neurosis*（New York: W. W. Norton, 1945）. *Neurosis and Human Growth: The Struggle towards Self-Realization*（New York: W. W. Norton, 1950）.

学。以下内容摘自对他的评论。

弗洛姆也批判了弗洛伊德的驱力理论，不过，他是从人类和动物之间的诸多区别看待这一问题的。与动物相比，人类的发展采取了相当不同的、特定的形式（顺便说一句，用荣格的话来说就是发展出了个体化），这一形式的终点是自由。弗洛姆认为，神经症是滥用自由，或逃离自由。他不再接受各种传统的神经症实体。他谈到了种类繁多的神经症机制，例如无私地服从权威的驱力、争夺权力的驱力（权威性格）、破坏的驱力、自发从众的驱力。弗洛姆将这些神经症机制归因于一些社会和文化的因素，也即资本主义体制。另一方面，他还谈到了生产价值特性，这类似于阿德勒所说的人受制于社群感，并且站在生命有用性那一边。弗洛姆不否认俄狄浦斯情结的存在，不过，他将其解释为孩子对其父亲拟人化的父权做派以及独裁秩序的反抗。人们可以看出，马克思主义学说对弗洛姆的影响甚至超越了阿德勒。在新生代心理学家里，弗洛姆是唯一一个近乎具备阿德勒所说的社群感的人。[①]

人们在下述几位作家的作品里也可以见识到新生代精神分析思想，他们是：托马斯·弗伦奇、克拉拉·汤普森、桑多尔·拉多、西奥多·赖克、艾布拉姆·卡迪纳。在欧洲，唯一自称为新生代精神分析学家的作家是舒尔茨-汉克。他把自己的一些想法编纂进了好几部作品里，另外，他还在德国创办了一所自己的学校。他的学说是一种混合了弗洛伊德学派和阿德勒学派多种概念的原创学说。以下内容摘自对他的评论。

在所有神经症和精神病的病因里，舒尔茨-汉克发现了一种基础性心理障碍，即抑制。在他的个体心理学体系里，抑制表示缺乏勇气。舒尔茨-汉克将驱力划分为四种，其中，占有和保持型驱力与弗洛伊德的口腔期倾向和肛门期倾向几乎是一回事。攻击和自我提升型驱力与阿德勒的竭尽全力争取优势差不了太多。对于性驱

① Erich Fromm, *Escape from Freedom*（New York: Farrar, Strauss and Giroux, Inc., 1941）. *Man for Himself*（New York: Reinhart. 1947）. *The Sane Society*（New York: Reinhart, 1955）.

力，舒尔茨-汉克认为，它主要是出于表示柔情之需。舒尔茨-汉克从未使用过“力比多”一词。抑制的产生可以回溯至作用于婴幼儿的环境行为。这种行为会决定某些永久性态度，进而制约贯穿个体终生的行为举止。舒尔茨-汉克提出了一种“心理功能低下”理论及其在神经质结构中的一些临床表现。跟阿德勒一样，他大量使用“心理补偿”和“过度的心理补偿”两个术语。在他的体系里，无意识排在次要位置；移情在他的治疗技术里的地位同样如此。①

了解完个体心理学对新生代精神分析学家们（最好将他们称作新生代阿德勒学派人士）施加的影响后，本书必须说说该学说对主流精神分析学家们更为微妙和更为广泛的影响。这很难说清，因为该学说随处可见，且或多或少以伪装的形式示人。在有意识地触及各种心理学理论后，一些精神分析学家会成为坚定的弗洛伊德主义者；然而，在应对日常生活中的各种问题时，他们采取的是阿德勒学派的思路。有一次，在私下闲聊时，一位瑞士精神分析学家公开表示，阿

① *Der gehemmte Mensch*（Berlin: Springer-Verlag, 1940）. *Lehrbuch der analytischen Psychotherapie*（Berlin: Springer-Verlag, 1950）.

德勒的思想是垃圾，不值一提。没过一会儿，在谈到大家都认识的一位熟人时，他却说："这个人有严重的自卑感，只好以傲慢的举止作为心理补偿。"在公开场合，阿德勒总是被无视，身穿隐身衣的阿德勒学派人士往往意识不到自己是这种人。这也可以解释，为什么在仔细阅读一些精神分析刊物后，人们会有一种感觉，即大量文章在解析典型的阿德勒学派的观点，却只字不提阿德勒；又或者，有些文章会写上一句"本研究与阿德勒的成果无关"。对阿德勒的成就采取这种态度的人绝不限于一些精神分析学家。我们发现，在精神医学历史上，这是最表里不一的特点之一。

1959年，约瑟夫·瓦尔德在文中感慨道："我意识到，阿尔弗雷德·阿德勒的大多数观察结果和理念已经微妙地、潜移默化地弥散到现代心理思维的方方面面。我们需要关注的问题不再是这个心理学家是不是阿德勒学派的人，而是这个心理学家受阿德勒学说的影响有多深。"[①]

这很容易解释，我们不妨以存在主义精神病学为例。[②]

---

① Joseph Wilder, Introduction, to Kurt A. Adler and Danica Deutsch, eds., *Essays in Individual Psychology*（New York: Grove Press, 1959）, p. XV.

② Ernest L. Johnson, Existential trends toward individual psychology. *Journal of Individual Psychology*, XXII（1966）, 33–42.

维克多·弗兰克尔从一开始就是阿德勒的门生，他从未否认这一点。在比较弗兰克尔和阿德勒时，伯恩鲍姆是这么说的：弗兰克尔对待患者们的“半宗教性”态度成了阿德勒后期开发的“宇宙意识”的模型。①虽然宾斯万格从未摘引过阿德勒的任何说法，但阿德勒对他的存在主义精神分析的影响同样一目了然。宾斯万格所说的“与他者共存”的二元模式、多元模式、一元模式与阿德勒描述的社群感、竭尽全力争取优势、躲到各种遮羞布后大同小异。宾斯万格对垂直维度的现象学描述似乎源自阿德勒关于“上”与“下”的辩证法。

让-保罗·萨特扼要地介绍了他的存在主义精神分析是其哲学存在主义的组成部分后，精神分析学家们群起而攻之，都说这跟精神分析学说毫不相关。②存在主义精神分析最基本的原则为：人是“整体”，因而会借助最微不足道、最表面化的各种动作进行表达。分析方法包括解析每个人的各种行为模式。为实现这一目标，我们必须对比各种各样的

---

① Ferdinand Birnbaum, Victor E. Frankls existentialpsychologie individualpsychologisch gesehen. *Internationale Zeitschrift für Individualpsychologie*, XVI（1947）, 145–152.

② J. P. Sartre, *L'Etre et le neant. Essai d'Ontologie Phenomenologique*（Paris: Gallimard, 1943）, pp. 643–663. Eng. trans., *Being and Nothingness*（New York: Philosophical Library, 1956）.

经验主义倾向，确定个体的基本诉求——正是这些诉求支撑起了这些行为模式。萨特的存在主义精神分析拒绝承认“无意识思维”概念，也不寻求发现这样那样的情结，而是竭尽全力去定义个体的初始选择。这一选择最初是个体自由的、有意识的决定。虽然个体不一定明白这一点，却会全心全意依靠这样的选择生活。心理治疗的目的是让治疗对象明白自己的基本诉求。需要用这种方法仔细分析的行为模式不仅有（例如弗洛伊德学派精神分析中的）梦境、动作和语言失误、神经症，更重要的还有有意识思维的、成功的、调整过的行为、风格。萨特令人震惊地总结道：“迄今为止，这种精神分析方法与弗洛伊德无关！”怎样才能让萨特明白，这种方法早已存在，且阿尔弗雷德·阿德勒是创立人呢?

但凡领教过瑞士伯尔尼的克莱西教授所教授的精神病学的人都会留意到，他的许多观念与阿德勒（尽管克莱西从未提及阿德勒）的观念惊人地相似。克莱西对俄狄浦斯情结的解释也与阿德勒相同。克莱西还声称，导致神经症的是“cratophorous本能”与“aristophorous本能”之间的冲突，也就是以得己本能与社会本能之间的冲突。[①]

① Jakob Klaesi, *Vom seelischtn Kranksein. Vorbeugung und Heilen*（Bern: Paul Haupt, 1937）, pp. 557–575.

个体心理学的整体性一直以“自我一致性”的名义由普雷斯科特·莱基进行发展。莱基是一位美国心理学家，1927—1928年，在维也纳，他曾经在阿德勒手下做过两年研究。以下内容摘自一篇评论。

莱基说，生物的基本需求是保证其精神整合为统一的整体。人格是各种价值体系的整合，让人觉得各种价值是一致的。行为举止表明努力付出前后是一致的，精神整合以及行为是统一的。个体是有两套问题的统一体系，一套问题是如何保证自身内部的和谐，另一套问题是如何保证其与周边环境的和谐，特别是与社会环境的和谐。知觉、记忆、忘却、感觉、思考、想象，等等，必须由个体不断地调整，以保证自我一致性。该体系的核心是个体对自我的评估。任何与这种自我评估一致的价值都会得到吸纳；反之，任何与这种自我评估不一致的价值都会遭到抑制，随后是拒绝，除非出现普遍的重新整合。作为一名心理治疗师，莱基说，各种症状表现的是各种态度，因而他设计了一种态度清单。他会列出一系列态度，然后向患者详细说明其当下各种态度是不恰当、不合时宜的，进而引领患者用更好的态度将其替换掉。在莱基看来，抑制不是更严重的神经质顽固不化的表现，而是躲避重新整合的一种原生策略。[①]

人具有自我完善的基本倾向——在生命的晚期，阿德勒尤其强调这一观念。而这一观念获得了好几位作家的继续发展，尤其是威廉·凯勒。[②]按照凯勒的说法，人身上有一种基本的、为了自尊而拼搏的精神，这种拼搏精神以多种方式体现出来。

基于对个体在兄弟姐妹排序中所处位置的作用的研究，阿德勒收获了一些原创的、意料之外的发现。沃尔特·托曼公开了一种理论，该理论基于对数百位个体的观察，对他们在兄弟姐妹排序中的位置都有周详的记录。[③]托曼对家庭排序的研究考虑到了孩子们的数量、男孩和女孩的分布、每两个孩子之间的年龄差、孩子中死亡的情况。托曼的分析扩展到了父母双方的、孩子们的、婚姻对象的家庭排序。每一类

---

① Prescott Lecky, *Self-Consistency. A theory of personality* （New York: Highland Press, 1945）.

② Wilhelm Keller, *Das Selbstwertstreben: Wesen. Formen und Schicksale*（Munich: Reinhardt, 1963）.

③ Walter Toman, *Family Constellation* （New York: Springer Publishing Co., 1961）. Enlarged German edition, *Familienkonstellationen. Ihr Einfluss auf Menschen und seine Handlungen* （Munich: C. H. Beck, 1965）.

组合的形式可能会花样百出，托曼对人们希望看到的每一类组合的各种主要人格特征都做了简短的描述。

马滕森-拉森从另一个角度对家庭排序进行了分析研究。[①]马滕森-拉森的研究对象是酗酒者，他对谱系进行了一番研究，从而发现，家庭排序中的位置可以扩展到祖父母一代；在酗酒的病因里，遗传不是主要因素。后来，这一研究又扩展到了男同性恋。

至于生活方式，后人已经注意到，许多作家以此为题出版过作品，他们中有人提到了阿德勒，也有人对他只字未提。不过，对不同的生活方式之间的相互影响，阿德勒和他的众位门生似乎都没做过深入调研。艾瑞克·伯恩在这方面做过一次尝试。他的作品《人间游戏》[②]揭示，人们对这一领域所知甚少，而对其进行系统的、科学的探索的回报无可限量。

公众很快接受了自卑感这一概念，以至某个名叫保罗·哈柏林的人以此为题写了一本书[③]，描述了自卑感数不

① O. Martensen Larsen, Family constellation analysis and male alcoholism. *Acta Psychiatrica Scandinavica*, Supp. Vol. CVI（1956）, 241-247.

② Eric Berne, *Games People Play*（New York: Grove Press, 1964）.

③ Paul Häberlin, *Minderwertigkeitsgefühle*（Zurich: Schweizer Spiegel-Verlag, 1936）.

清的形式、种类、心理补偿，以及各种原因，但全书甚至只字未提阿德勒的名字。这种例子有很多，再举个例子：一位精神分析学家公开了一个神经症患者的经历，他的恐惧症反映在其最早的记忆里（他被一只老鼠吓坏了）；作为小男孩，他开始玩一个玩具娃娃。[①]由于自卑感愈发严重，他通过做场景宏大的白日梦进行心理补偿，并把梦中的自己当成了超人。通过被作者称为精神分析的方法，这位患者得到了治愈。

阿德勒学派的各种深刻洞见渐渐地、持续不断地渗透进当代心理学思想。这样的实例不胜枚举，涉及的概念有：自卑感、生活方式、器官缺陷的作用、费英格的仿佛哲学在神经症理论中的应用、男性抗议的作用、作为同性恋和其他各种性变态的致病机制的对女性的恐惧，等等。我们至少可以列出十多位作家，他们重新发现了最初的一些记忆的象征意义。传统观念认为，青春期的各种躁动源自力比多的增强；与此不同，如今一些精神分析学家承认，青少年的“自我”源自强有力的心理能量的驱动，而非直接依赖于力比多。

---

① Gustav Hans Graber, Untermensch-Uebermensch, Ein Problem Zur Psychologie der Ueberkompensation. *Acta Psycbotherapeutica*, IV （1956）, 217–224.

已经有人指出，玛格丽特·米德的《家》[①]的一些片段与阿德勒的《自卑与超越》的一些片段有许多雷同。沃尔特·戈尔德施密特的社会使命理论看起来类似于阿德勒的社群感概念。社会使命理论认为，人致力于社会生活，所以，随着个体的成长，他必须让自身的各种目的符合社会的各种需求；社群感概念指出，社会必须通过组织让个体追逐私利的强烈意愿和社会和谐的要求达到平衡。[②]个体心理学疗法的某些特征也能从一些更先进的治疗方法（例如哈夫洛克·霭理士的理性心理疗法，以及格拉瑟的现实心理疗法）中看出来。

个体心理学的影响在犯罪学和心理治疗教育领域结出了最丰硕的成果。挑选一些长相丑陋的罪犯，并利用整形手术对他们进行治疗，是阿德勒思想的一次实践应用。[③]正如恩斯特·帕帕内克所说，虽然这是一种独立于个体心理学的矫正技术，但作为一种创造性的补偿，它仍然与阿德勒的理

① Margaret Mead and K. Heyman, *Family*（New York: Macmillan, 165）. Danica Deutsch, Alfred Adler and Margaret Mead, a juxtaposition. *Journal of Individual Psychology*, XXII（1966）, 228–233.

② Walter Goldschmidt, *Man's Way*（New York: Holt, Rinehart and Winston, 1959）, p. 220.

③ Alfred Adler, Introduction to Maxwell Maltz. *New Faces, New Futures*（New York: Richard K. Smith. 1936）, p. vii.

论有关。[1]诺埃尔·梅洛克斯是加拿大蒙特利尔著名的心理学家，他声称，各种常规青少年犯罪精神分析理论（超我的不足或扭曲、未解决的俄狄浦斯情结、对罪犯的认同）并未得到经验的证实。[2]他只好将青少年犯罪解释为一种特定的去社会化进程的结果，也就是一种对正常的社会化进程的扭曲。梅洛克斯牧师说，社会化有自己的与性行为并行的进化路线，有自己的兴衰荣枯和各种关键点，以及原始冲突。这堪比俄狄浦斯冲突——虽然看起来与之毫无可比性。父母对孩子过分严厉的态度会让孩子自认为生来就是有罪的，所以会遭到家人和社会排斥。由于孩子认领了“坏人”角色，他会认为自己必须做出一些恶行。这样的恶行会招致身边人对他的声讨。孩子会觉得自己是仇恨的受害者，然后竭尽全力实施报复，进而产生各种更严重的犯罪，甚至寻求黑帮庇护。对各种青少年犯罪的整治意味着与一些心理治疗教育工作者的面对面交流，以及以青少年群组为框架的集体治疗。人们不费吹灰之力就可看出，这些理论和方法可以用个体心

① Albert Eglash and Ernst Papanek, Creative restitution: A correctional technique and a theory. *Journal of Individual Psychology,* XV（1959）, 226–232.

② Noel Mailloux, O.P., Genese et signification de la conduite antisociale. *Revue Canadienne de Criminologie*, IV（1962）, 103–111.

理学的一些术语表示。由于孩子在道德方面受人鄙视，他会认为自己处于自卑的情境里，因而遵从一种适合自己受轻视的自我形象的生活方式。这样会引发其周边环境的惩罚性反应（作用力会引起反作用力）。治疗瞄准的是唤醒和恢复其被扭曲的社群感。

在评价阿德勒的成就的影响时，我们无论怎么尝试都会带来自相矛盾的说法。个体心理学对当代心理学的深刻影响毋庸置疑。汉斯·霍夫公开表示，阿德勒开创了现代心身医学，是社会心理学和社会心理卫生解决方案的先驱，团体心理疗法的奠基人，他的以目标为指向的创造性自我概念及对生活方式负有责任的观点让他成了自我心理学的创始人。[①]在此基础上，霍夫还可以补充一句：阿德勒是有记录以来第一套统一的实用心理学体系的创建者。

然而，社会上存在着一种令人震惊的现象，即集体否认阿德勒的贡献，将他的成果归于其他人。我们手里的这类实例数不胜数。例如，某些精神分析学家引用阿德勒首先提出的一些科学发现，却坚称它们早就隐含在弗洛伊德的作品

---

① Hans Hoff, Opening address to the eighth international congress of individual psychology, Vienna. August 28, 1960. *Journal of Individual Psychology*, XVII（1961）, 212.

里，或隐含在弗洛伊德思想不受重视的一些方面中；即便提及阿德勒，他们也会解释说，尽管这些发现与阿德勒的一些概念相似，但两者存在本质上的不同。同样的态度也存在于非弗洛伊德学派的心理分析学家当中，有时候，他们会更干脆地否定阿德勒。最典型的是，他们会用义愤填膺的语气拒绝承认阿德勒的影响。尽管一些心理学家承认他们与阿德勒本人有过面对面的交谈，而且读过阿德勒的作品，但他们也会竭力坚称，自己的观念与阿德勒的观念毫无关联。

我们很难找出另一位像阿尔弗雷德·阿德勒一样的作家——自己的作品如此频繁地被各方引用，却得不到承认！用法国俚语来说，他的学说已经成为“露天采石场”。也就是说，任何人都可以毫无愧疚地随时来这里拿走他想拿的东西。在从其他来源引用任何一句话时，作家通常都会慎之又慎，标明出处，一旦来源换成个体心理学，同一位作家便会毫无顾忌，好像阿德勒绝无可能是原创者。这种态度甚至大范围扩散到了民众中。颇为讽刺的是，伦敦出版的《泰晤士报》刊发的弗洛伊德的讣告里有这样一句话：“他提出的一些说法成了日常生活用语，比方说自卑情结。”[①]22年后，荣格离世时，《纽约时报》刊发了头条新闻：“卡尔·荣格

① *The Times*（London）, September 25, 1939, p. 10.

去世了……他创造了内向性格、外向性格、自卑情结。”[①]

尽管阿德勒具有如此伟大的成就，但人们大范围拒绝承认他和他的成果，并且广泛地闷声抄袭。阿德勒身上为何存在如此巨大的落差？对于这一令人费解的疑问，答案不一而足。

人们必须心知肚明，基于什么标准，某人才可以被称作天才。关于天才的本质，人们提出过许多种相互矛盾的理论。在兰格-艾希鲍姆看来，这是心理社会学问题。也就是说，我们必须先定义天才需要显现哪些特征，然后才能判断一个人是否是天才。[②]将某些精神病态的内容与完美的形式相结合就大概率会被贴上“天才的成就”标签。（所谓“精神病态”实际上意味着不走寻常路、自相矛盾、令人困惑。）如果事情真的如此，人们会认为，阿德勒过于理性，其风格过于不完美，而无法让人们将他称作天才。

伯纳德·格拉塞提出：天才的特征是对显而易见的事物的创新能力。[③]这意味着，天才能发现和详解某个以前没人

① *New York Times*, June 7, 1961.

② G. Lange-Eichbaum, *Genie, Irrsinn und Ruhm*（Munich: Reinhardt, 1927）.

③ Bernard Grasset, *Remarques sur L'action*（Paris: Gallimard, 1928）.

注意的、早已存在的事物。一旦天才将事物解释清楚，而那个事物似乎又特别一目了然，它很快就会融入常识，因而人们会忘记它是个新发现。（有报道称，弗朗茨·舒伯特没准遇到过类似的事。一次，他听到几位浣衣女吟唱他创作的抒情曲，他询问那几位妇人在哪里学会的这些曲子，她们答道，这些都是古老的民歌，乡下人一直在传唱。）伯纳德·格拉塞的理论或可应用到阿德勒身上，以及他快速融入常识的那些观念（尤其是令人瞩目的自卑感）上。

有些人宣称，天才是一种微观社会现象和一种自发的构成。与世隔绝的人绝无可能获得“天才”这一美誉。天才身边总会有一群追随者环绕，他们不仅会四处宣扬他的各种学说，还会为他们自己的大师造势（至少不会是负面的传闻）。他们能否成功，在很大程度上有赖于组织机构和方式方法。就此而论，相比于阿德勒，弗洛伊德具有极大优势，他有数量更多的、组织更完善的后援。阿德勒的门生却少得多，他从来不是好的组织者，也没兴趣保留关于自己的工作和生活的各种记录。弗洛伊德的众多追随者四处宣扬他的典型天才正面形象——他在普遍的质疑声中完成了闻所未闻的创新成果，经历了各种骇人的艰难困苦、政治迫害。至于阿德勒，他的少数门生将他称作“西方的孔夫子”和人类的救星，然而，在创造令人信服的正面形象方面，他们并不成功，也未能阻止他的负面形象四处扩散。阿德勒身上的负面标签有，小资产阶级、嫉恨大师的人、背叛大师者、以滑稽的方式讲授精神分析、服务于教师的心理学、附和社会主义学说的乏味的心理学理论。

眼下的问题是：为什么四处扩散的偏偏是这些负面形象？对此，受害者心理学没准可以给出解释。该学说是新近从犯罪学派生出来的分支，其分析的是潜在的罪行受害者们的人格。[①]在这类人格里出现的一些心理因素也可能出现在饱尝厄运和失败的受害者们身上。在阿德勒的人格里，人们可以识别出一些潜在的特殊类型受害者的特征，也即所谓的“亚伯综合征”。这个例子说的是某人在特定领域的优势可能会招来嫉妒，而此人没有能力或意愿保护自己。这种事广泛存在于各行各业。让·谷克多对让-雅克·卢梭进行研究后，对各种不幸和迫害不断降临到这位伟大作家身上的现象做出了解释，他表示：“无论在何处，当一些人遭受莫大的

① Hans von Hentig, *The Criminal and His Victim*（New Haven: Yale University Press, 1948）. Hans von Hentig, *Das Verbrechen*（Berlin: Springer, 1962）, II, 364–515. H. F. Ellenberger, Psychological relationships between criminal and victim. *Archives of Criminal Psychodynamics*, I, No. 2 （1955）, 257–290.

侮辱时，人们总是会说，他们该反击；而当另一些人遭受侮辱时，人们却会说，这种事就得默认。”[①]——意指卢梭属于后一种情况。我们随时随处都能发现，在一群人里，某人享受了某种特权，开口说了一堆陈词滥调，仍然能收获广泛的关注；然而，换一个人在同样的场合说一番深思熟虑的、充满智慧的话，却无人喝彩。也可换一种思路——有人会悄悄记住这些话，将之拿到其他场合复述，然后赢得巨大的成功。

表2　弗洛伊德与阿德勒特点的比较

弗洛伊德	阿德勒
帅气，仪表堂堂，胡子修剪得体	没那么帅气，没架子，留着不显眼的上髭，戴夹鼻眼镜
住在最好的居住区，收藏艺术品，雇有好几位用人	住在更像中产阶级居住区里仅配备普通家具的公寓内，只有一位用人
在好几个大学任职，开办学术讲座，有一帮狂热的门生	未获大学职位，主要面向中学老师们讲课，在各咖啡厅召开非正式会议
德文散文大师，写作高手，懂得如何利用引人注目的图像	作品风格平庸，文章结构凌乱，不用引人注目的图像
开创了深度心理学，即一门致力于发现各种心灵秘密的科学	开创了一门理性的、常识性的、可直接实际应用的心理学

表2对比了弗洛伊德与阿德勒的主要特点。对弗洛伊德

① Jean Cocteau, Rousseau, *Ovres Completes*（Paris: Marguerat, 1950）, IX, 365-373.

和阿德勒的比较可以延伸下去，我们可以在科学史上找出更多平行人物，例如，让–弗朗索瓦·商博良和格·弗·格罗特芬德。由于传闻起到的美化作用，弗洛伊德的一生展示出一些浪漫主义特征；弗洛伊德的生活方式堪比暗中将自己拟作沙可和歌德的贵族。阿德勒的日子过得像个将自己的事业与民众绑定的小资产阶级。弗洛伊德听说阿德勒的死讯后，在写给阿诺德·茨威格的一封信中说："对来自维也纳郊外的犹太男孩而言，死在阿伯丁本身就是一件前所未闻的事，也是他成就一番事业的佐证。"[①]难道弗洛伊德已然忘却，他自己也是个"来自维也纳郊外的犹太男孩"？

对于前述自相矛盾的说法，还有一种可能的解释——一个人的成功在很大程度上有赖于其能够为那个时代的文化和社会倾向做代言。叔本华沉寂了30年后才获得成功，享受到迟到的盛名。这并非因为什么阴谋，而是因为他的哲学与19世纪20—40年代的时代精神不符，只有1848年以后的新生代才能更好地理解他。

各种当代思潮往往是从前的一些运动的复苏。从个体心理学和精神分析学的对立中，人们可以看到一对老冤家——

---

① Ernest Jones, *The Life and Work of Sigmund Freud*（New York: Basic Books, 1955）, III, 208.

“启蒙运动”和浪漫主义——的复苏。在此前的章节里，读者已经见识到精神医学在19世纪的兴衰起伏，并且可以将其看作“启蒙运动”和浪漫主义相互争斗的体现；而“启蒙运动”的传承人是让内和阿德勒，浪漫主义的传承人是弗洛伊德和更具代表性的荣格。上溯更久以前的历史，人们可以看到，在古希腊和古罗马世界，哲学分为斯多葛哲学和享乐主义哲学，人们从中可以看出，斯多葛哲学的一些特征存在于当今的阿德勒学派和存在主义学派里；而伊壁鸠鲁哲学被索绪尔恰如其分地比作弗洛伊德的精神分析学。最后需要说的是，从古至今，一直存在两种治愈方法，一种是运用理性，另一种是动员非理性的力量。这样一来，阿德勒和弗洛伊德相背而行不过是基本文化历史规律的许许多多表现之一，不过是在人类心理世界两种基本态度之间的摇摆。